FREEDOM HEALING EL MÉTODO DE KRYON

NIVEL 1

ESPIRITUALIDAD TERRENAL

FREEDOM HEALING EL MÉTODO DE KRYON

NIVEL 1

ESPIRITUALIDAD TERRENAL

Silvina Páez

Segunda edición. Enero 2022

Silvina Páez

Título original: Nivel 1 Espiritualidad Terrenal
Freedom Healing el Método de Kryon
Editor original: Editorial Freedom Healing
Freedom Healing LLC
9825 Marina Blvd Ste 100
Boca Ratón, FL 33428
USA
Página web: www.freedomhealing.org
E-mail: info@freedomhealing.org

Diseño de portada: Pablo Rodriguez
Página web: dragonbookconvers.com/

Diseño de interiores: Rosa María García Hernández
E-mail: maakut7@yahoo.com.mx

Contenido

Introducción

Te doy la bienvenida a este curso de Espiritualidad Terrenal.

Este curso es el Nivel 1 de Freedom Healing, el método de Kryon.

Kryon ha entregado a la humanidad 33 llaves espirituales* para que las almas que estamos encarnadas en este planeta, en este momento de tiempo, podamos transmutar memorias ancestrales que limitan la manifestación del Ser Abundante que eres.

En este curso te enseñaré tres herramientas:

- En primer lugar, a realizar activaciones de Freedom Healing. Este ejercicio fácil y rápido te permitirá ir teniendo día a día la conexión y la guía de los comités espirituales.

- En segundo lugar, te enseñaré un ejercicio para que puedas desbloquear temas de tu vida que te duelan o "tengas atragantados", siempre recordando que Freedom Healing no se utiliza para lograr un objetivo sino para realizar un aprendizaje y liberarte de seguir repitiendo situaciones que te complican la vida y no te hacen feliz.

- Freedom Healing significa "sanación para la libertad", es un herramienta para liberarte del ego, de memorias limitantes y poder hacer los aprendizajes que tu alma necesita hacer para evolucionar, reconocer su divinidad y convertirse en un co-creador consciente. Por eso es que Freedom Healing no surge para lograr los objetivos que tu ego quiere, sino para liberarte de él.

*Las cartas físicas de las llaves Espirituales de Kryon las puedes adquirir en www.freedomhealing.org

Y por último, en este curso te enseñaré a realizar sesiones básicas de de Freedom Healing. Para poder realizar estas sesiones te voy a enseñar a investigar vidas pasadas y otras experiencias de vida en las que tu alma vivió experiencias traumáticas o dolorosas y no logró hacer el aprendizaje que esa experiencia traía. Esas investigaciones serán realizadas con dos herramientas: un péndulo y gráficos canalizados desde Kryon.

Kryon dice que la sanación individual no existe, que cada vez que sanas algo en ti, por resonancia las personas de tu grupo familiar también la están sanando… y eso contribuye a sanar a toda la humanidad.

Recuerda que toda la información de este curso, tanto la parte teórica como la práctica está disponible en la plataforma de cursos digitales de Hotmart: www.hotmart.com

Busca el curso como "Espiritualidad Terrenal"

¿Estás preparad@ para vivir en el paradigma del co-creador abundante?

Kryon y Freedom Healing

Kryon es una entidad espiritual, presente en el planeta Tierra desde la existencia del Ser Humano. Su propósito es guiar a la Humanidad en su proceso de evolución, de una consciencia individual egoísta a una consciencia individual colectiva.

Las herramientas entregadas por Kryon a través del método Freedom Healing activan tu capacidad de empoderarte y convertirte en un ser consciente de tus co-creaciones, activando tu capacidad de cambiar tus acciones y tu energía para crear la vida que te conecte con tu Verdadero Ser y tu Paz Interior. De esta forma vas a poder atraer a tu vida todo el amor y la abundancia que necesitas para lograr la misión de vida que tu alma se propuso al momento de decidir encarnar en este planeta y colaborar en el proceso de evolución planetaria.

Los mandalas entregados por Kryon representan cada una de las 33 llaves espirituales. Están representados por 33 cartas. En este libro, te voy a enseñar a utilizar esas cartas para ir recibiendo la ayuda divina de tus comités espirituales en buscar y activar cuál herramienta espiritual es la que estás necesitando para resolver los problemas que la vida te presenta todos los días. Además, te voy a enseñar a realizar las sesiones básicas de Freedom Healing, para potenciar aún más la activación de esas herramientas espirituales entregadas por Kryon.

En las sesiones de Freedom Healing transmutas todas las memorias que están limitando tu capacidad de poder ver y comprender el aprendizaje que esa situación de vida traía para tu alma. Al resignificar las diferentes experiencias te liberas de seguir repitiéndolas, transmutando todo tu karma en dharma.

*Para poder realizar estas sesiones utilizas las cartas de las 33 llaves espirituales, 4 gráficos, un péndulo y una técnica canalizada especialmente para ese fin.

Freedom Healing te transforma en un ser consciente, amado, feliz, abundante y con una gran capacidad para amar. De esta forma contribuyes a cambiar tu mundo y el mundo de los demás para hacer de este planeta un lugar mejor para todos.

"Freedom Healing es una de las pocas técnicas que permite al ser humano restablecer la reconexión original. Ahora, por primera vez en la historia de la humanidad, existe la oportunidad para que el ser humano de verdad pueda ingresar en su poder personal, y conectarse con la fuente original que es la que les da su Ser".

Kryon

*LOS GRAFICOS para realizar las sesiones se encuentran al final del libro.
Las cartas físicas de las llaves espirituales de Kryon las puedes adquirir en www.amazon.com o en www.freedomhealing.org
Las cartas virtuales de Freedom Healing están disponibles en www.freedomhealing.org

Historia de Freedom Healing

La historia de Freedom Healing está muy conectada a mi propia historia. Nací en Argentina en la ciudad de Bahía Blanca; y por ser mis padres practicantes espiritistas, desde niña viví en un hogar con creencias y prácticas espirituales. A la edad de 21 años, siendo estudiante de abogacía, conocí Reiki, lo que produjo un cambio importante en mi vida ya que a partir de allí decidí seguir el camino espiritual y dejar los estudios de Derecho para dedicarme al aprendizaje y la práctica de Reiki.

Llegué a Chile a los 26 años para enseñar Reiki. En mayo de 2005 conocí la Terapia de Respuesta Espiritual, lo que significó un antes y un después en mi vida, porque me permitió expandir mi experiencia enseñando esta técnica en diferentes países y culturas (Chile, Argentina, Colombia, España, Brasil) dando talleres de manera constante, práctica tal que me ha permitido recibir la información de Freedom Healing.

En noviembre de 2011, estando en un evento de Kryon en Bogotá, conocí a Marina Meche- va. Ella me contó que canalizaba a Kryon y que él le había dicho que solo había viajado para conocerme y darme un mensaje. Ese encuentro fue realmente mágico, porque en realidad mi viaje a Bogotá se produjo porque no pude viajar una semana antes y cambié el pasaje para ese día. Todo muy "coordinado" por Kryon desde "el otro lado del velo". En ese viaje no pudimos hacer la canalización, la hicimos el día 8 de diciembre vía skype. En ese momento estaba en plena crisis existencial y en la canalización Kryon me explicó que todo estaba "armado" por ellos para que dejara de hacer lo que estaba haciendo y que me pusiera a hacer lo que me había comprometido a hacer antes de encarnar. En ese momento no entendí nada. También me había dicho que lo iba a tener más claro dentro de un mes, con mi "Yo evolucionado". Al mes y algo, estaba con unos amigos haciendo un crucero por la Patagonia, y dentro del barco también se realizaba un evento de Kryon. Sentí que me estaba persiguiendo por todos lados. En una canalización, esta vez grupal, le pregunté desde mi corazón a Kryon qué era lo que tenía que hacer, a qué me había comprometido, e inmediatamente vi una imagen que eran dos palabras con una paloma: "Freedom Healing".

La traducción al español de Freedom Healing es "Sanación para la Libertad" Ese era el nombre del trabajo que tenía que realizar a partir de ese momento.

Me costó un par de años asimilar lo que eso significaba, hasta que no me quedó otra opción que seguir ese camino. Ha sido un transitar por este nuevo camino con altos, bajos, tormentas, arco iris, pero siempre guiada desde el otro lado del velo por este ser maravilloso que es Kryon.

Dictando un curso en Buenos Aires, en marzo de 2013, caminando por detrás de una alumna, vi "con los ojos del alma", que ella tenía un mazo de cartas de Freedom Healing. Cuando regresé a Chile le conté a Isabel Clemente, la diseñadora gráfica que contrato hace años, y le pedí que las diseñara. Un mes después, me llama para contarme que no le venía ninguna idea. Mientras hablábamos sentí la voz de mi Ser Superior que me decía "Las tenés que hacer vos". Como a mí me gusta pintar, comencé con la tarea de pintar las cartas de Freedom Healing. La indicación que el Yo Superior me había dado era de que las imágenes serían "Vibraciones de color".

Cada vez que armaba mi atelier para pintar, preguntaba al Yo Superior que colores utilizar. Luego pintaba con esos colores sobre una tela utilizando acrílicos. Cuando tenía 4 o 5 pinturas terminadas, preguntaba con el péndulo, en el gráfico de "Llaves espirituales" (que existía en ese momento y que luego fue reemplazado por las cartas), a cuál llave espiritual correspondía cada cuadro. Así llegué, después de casi 2 años, a completar las 33 pinturas que representan la primera edición de las cartas de Freedom Healing.

Una vez que tuve los cuadros de las 33 llaves espirituales, comenzó la tarea de fotografiarlos, tarea que estuvo en manos de la fotógrafa publicitaria Macarena Achurra, y el diseño posterior de cada cartas, libro y caja, en manos de Isabel Clemente.

Teniendo todo listo, solo faltaba imprimir. Dudé si tenía que hacerlo con alguna editorial, y al final terminé fundando mi propia editorial y realizando la impresión. Recuerdo que esa tarea se realizó en diciembre de 2014. Luego de varias idas y vueltas con la imprenta, la primera edición de cartas de Freedom Healing salieron a la luz en febrero de 2015. Unas cartas cuadradas, de diferentes colores, que no tenía idea de para que servían o cómo las tenía que utilizar.

Tuve que pedir un crédito bancario para poder hacer todo eso, y ahí comenzó la etapa de "anclaje" de Freedom Healing al planeta. Ese anclaje fue una etapa de mucha creatividad, canalizaciones, y un gran esfuerzo para comprender de que se trataba este nuevo método al cual me había comprometido traer a este planeta antes de encarnar. Fueron 4 años de MUCHO APRENDIZAJE y de aprender a vivir de otra forma, en otro nivel de consciencia. Sigo aprendiendo, todos los días a vivir desde ese otro lugar.

Dos años después de la publicación de la primera edición de cartas, quebré financieramente y se hizo presente uno de los mayores miedos que compartimos los seres humanos: quedarme sin dinero. Tenía miedo, entre otras cosas, a no tener dinero para editar nuevamente las cartas de Freedom Healing, una vez que se agotara la edición. Un miedo que se contradice con los principios espirituales que practico. Mi alma sabía que todo iba a fluir, pero mi personalidad estaba aterrorizada.

Freedom Healing comenzó a crecer y con el tiempo ya había terapeutas en Estados Unidos, México, Guatemala, Panamá, Perú, Colombia, Brasil, Argentina, Chile y España.

En un curso con mi alumna Miroslava de Estados Unidos, ella practicando una sesión de Niño Interno conmigo, ahí pude ver "con los ojos del alma", las nuevas cartas de Freedom Healing. Esto sucedió a principios de septiembre de 2018. Al mes, tenía pintadas las nuevas 33 llaves espirituales, esta vez con forma de mandalas. Para enero 2019, ya tenía los diseños realizados y el presupuesto de la imprenta.

Estar en quiebra me impedía solicitar un crédito bancario para pagar la edición (además sería contradictorio seguir endeudándome cada vez más). Ahora, en quien tenía que confiar totalmente y al cual le pedí el dinero fue al Banco del Universo.

El día 12 de julio de 2019, sentí que había comenzado mi "trabajo de parto", y que las cartas tenían que ser impresas. Tenía solo el 25% del dinero que necesitaba. Entonces, le pedí al "Banco del Universo" a través de mi Yo Superior, que si para el 20 de julio llegaba el dinero, las cartas se iban a imprimir ese mes. Parece ser, por experiencia propia, que el Universo la tiene más clara que uno, y para el día 13 tenía "mágicamente" todo el dinero para la edición. Recibí pagos que no tenía previstos. ¡Me encanta como juega el Universo conmigo! porque como sabían que tenía miedo, me dieron la señal correcta para que confiara.

El lunes 16 de julio, a las 7 de la mañana, realicé la transferencia a la imprenta por el monto total de la impresión de las cartas. Tuve que realizar solo 3 visitas a la imprenta y para el día 30 de julio, las tenía en mi casa. En ese momento me di cuenta del cambio de nivel de consciencia que había realizado: ahora estoy pudiendo co-crear de una forma mágica y divertida.

En agosto 2019, estuvieron disponibles las cartas de la segunda edición, ahora con dibujos de mandalas, y con una nueva energía de Expansión y Abundancia.

Mi vida transcurría en forma fluida y feliz. Vivía muy bien en mi zona de confort, con mi departamento cómodo, mis gatos, mi "pololo", mis amigos... pero el día 18 de octubre, la vida para las personas que vivimos en Chile, cambió. No sé como se llamará históricamente, pero por ahora lo llamamos "Estallido Social". De un día para otro, la vida cotidiana cambió, ya nada funcionaba igual. Las calles se llenaron y se llenan todos los días de miles de personas que salen a pedir mejoras en la calidad de vida. Mi cómoda vida en Chile se terminó. Ya no podía seguir trabajando igual. A mediados de noviembre la soledad se comenzó a sentir más fuerte. Con los toques de queda y las protestas era difícil moverse. Ya no podía verme con amigos, con el pololo, y mucho menos pensar en organizar cursos. Pasó con dos personas que vinieron a tomar sesiones que tuvieron que quedarse en mi casa a refugiarse porque no podían volver a su hogar.

Entonces, comencé a pedirle a la vida que me mostrara cuál era el camino que tenía que seguir para poder dar lo mejor de mí al mundo. En diciembre, comenzó a surgir la idea de salir de mi zona de confort y comenzar nuevamente a salir de Chile para enseñar Freedom Healing. Así fue que, propuse la idea y todo fluyó. Para los primeros días de febrero, estaba en Bogotá dando cursos de Freedom Healing.

El primer día de curso sucedió algo muy fuerte. Estaba frente al espejo delineándome un ojo y sentí que la voz de Kryon me decía "Freedom Healing es el método de Kryon". Casi me muero. ¡Tener que llegar hasta ahí para que me dieran esa noticia! Como siempre, Colombia tan transformador para mí. Cuando pregunté ¿Por qué ahora si podía colocar el nombre de Kryon? me fue indicado que era simplemente porque, ahora tenía la madurez para poder colocar el nombre.

Recuerdo que días después de llegar de Colombia, comenzó la primera cuarentena por la pandemia del Covid-19 en Chile. Ahí comenzó otra etapa muy intensa para la humanidad en general y para Freedom Healing también.

Estando en Bogotá, conocí las oficinas de la plataforma Hotmart. Allí me explicaron como funcionaba y cómo podía subir los cursos de Freedom Healing.

Con la pandemia y la imposbilidad de dar cursos en forma presencial, y aprovechando el silencio de la ciudad, comencé a grabar horas y horas de video con la formación de los primeros 4 niveles de Freedom Healing.

El 2020, me enfoqué en desarrollar toda la enseñanza en esa plataforma para que cualquier persona en cualquier lugar del mundo pudiera acceder, sin necesidad de estar en una horario determinado conectado a través de zoom conmigo.

Una de las grandes ventajas que encontré al grabar los videos, es la posibilidad de realizar toda la práctica que viene post-curso en videos. Ahora los alumnos pueden hacer la práctica "junto conmigo".

Ese año también comenzó a rondar el tema de que ya había que realizar una tercera edición de cartas, porque la segunda edición ya se estaba agotando.

La imagen que vi, fue de los mandalas que ya tenía, pero esta vez con detalles en color dorado.

Comencé a pedir presupuestos a las imprentas con las que normalmente trabajaba, pero eran cifras para mí impagables en ese momento. Fue así que surgió la idea de imprimir las cartas en China.

Entre los varios contactos que logré, me quedé "con mi chinito León", porque fue con él con quien tuve más empatía y una gran ventaja que era poder comunicarnos vía WhatsApp en español. Así comenzó el proceso de creación de las nuevas cartas de Freedom Healing.

Para septiembre de 2020, hacía casi dos meses que las cartas de la segunda edición se habían agotado. Tenía todo listo para comenzar la impresión de las nuevas cartas, pero me enfrenté a un problema: las tarjetas de débito y crédito que tenía me impedían realizarle el pago a "mi chinito León".

Tenía la duda de si el tema era una señal del universo en que no tenía que imprimir las cartas en China o si la señal era que tenía limitaciones con la abundancia financiera. Me di cuenta a los pocos días que el tema era mi abundancia financiera y no los chinos.

Entonces, cada vez que me acordaba del tema, me sentaba a realizarme una sesión de Freedom Healing y si el tema no salía, yo preguntaba a mi Ser Superior y a Kryon que llave espiritual tenía que activar con ese tema.

En diciembre, en una "ventana" que hubo en la pandemia pude viajar a Argentina. En ese viaje mi mamá me regaló unos dólares y minutos después de agradecerle a mi mamá por ese regalo me llegó un correo electrónico avisándome que me habían aumentado el cupo de mi tarjeta de crédito pre-paga. Ese aumento era un 600 % más de lo que tenía hasta ese momento, o sea, ahora si le iba a poder pagar a los chinos.

Cuando llegué a Chile, cargué mi tarjeta prepago y realicé el pago a la imprenta China. A partir de ahí todo comenzó a fluir, hasta que en marzo las cartas fueron subidas a un barco que salió de Hong Kong hasta el puerto de San Antonio en Chile.

Desde que inicié el proceso de la nueva edición, lo único que pensaba era que esas cartas eran "Las cartas de la abundancia", porque me había tenido que trabajar mucho ese tema en mí.

La noche que llegaron las cartas a mi casa, recuerdo que me senté a tocarlas, olerlas, mirarlas, porque realmente son muy hermosas. Las estaba disfrutando, y me doy cuenta de que tenían un "error de impresión". Todas las cartas, en la parte posterior tenían la palabra "abundancia" en lugar del nombre de la llave espiritual a la cual correspondía cada mandala.

Mi novio que estaba conmigo en ese momento se puso pálido, llamé a la diseñadora y se quería morir, también le avisé a "mi chinito León" que ya estaba en la oficina (en China eran como las 10 de la mañana). Todos al borde del ataque de nervios.

Cómo había toque de queda, despedí a mi novio y me quedé sola escuchando a mi Ser Superior y a Kryon. Él me decía que "no había error".

Entonces, se me ocurrió tomar un mazo nuevo y colocarle en la parte posterior el nombre de la llave espiritual. A la llave de la felicidad le coloqué debajo de la palabra impresa de "abundancia, "de felicidad". Me pareció que quedaban bien así y me fui a dormir porque al otro día comenzaba mi jornada de consultas muy temprano.

Al despertar, lo primero que hice fue hacerme una Autosesión y me encantó. Sentí muy potente la energía de las nuevas cartas.

Al realizar la primera sesión a otra persona, terminé de confirmar esa potencia. Fue una sesión completamente diferente. Intensa, sanadora, en otro nivel de vibración energético.

Desde que llegaron las cartas de la abundancia* a mi vida, ésta dio un giro de 180 grados.

Mi vida comenzó a fluir desde otro lugar, en otro nivel. Y eso mismo le comenzó a suceder a las personas que compraban las cartas y las comenzan a usar.

A veces me resulta difícil poner en palabras las vivencias que tengo a través de Freedom Healing. Ponerle palabras a experiencias tan mágicas de co-creación, y tan divertidas, es complicado.

Por eso quiero, deseo de todo corazón, que tú te conviertas en un ser tan consciente de tus co-creaciones que aprendas a divertirte con la energía de la Vida.

¡Bienvenid@ a Freedom Healing!

*Las cartas físicas las puedes adquirir en www.freedomhealing.org

Las 33 llaves espirituales de Kryon[*]

Las llaves espirituales son las herramientas que Kryon ha entregado a la Humanidad para que puedas convertirte en un ser Consciente de tus Co-creaciones y aprendas a divertirte jugando con la Energía de la Vida.

Estas llaves espirituales están disponibles en forma digital en www.freedomhealing.org.
Las cartas físicas las puedes comprar a través de www.amazon.com o comunicándote con info@freedomhealing.org para más información.

Las 33 llaves espirituales son la columna vertebral del sistema Freedom Healing, están representados por las cartas, y son:

Abundancia de Prosperidad: Cuando activas esta llave espiritual, activas en ti, la energía que te permite encontrar los recursos, el tiempo, los contactos, las ideas para lograr los obje- tivos que tu alma necesita para cumplir su misión espiritual.

Abundancia de Aceptación: Cuando activas esta llave espiritual, generas en ti, el sentimiento de comprensión con las situaciones que estás viviendo actualmente. Comienzas a liberar todas las resistencias que tienes con alguien o con algunas situaciones.

Abundancia de Amor: Cuando activas esta llave espiritual, activas en cada célula de tu ser físico y energético la energía más incondicional de bondad y luz. Esto genera que tú desees para ti, para quienes te rodean y para el mundo en general todo lo mejor y todo lo bueno. Es la herramienta que te permite comenzar a darte todo lo mejor en todos los aspectos de tu vida.

*Las cartas físicas las puedes adquirir en www.freedomhealing.org

Abundancia de Belleza: Cuando activas esta llave espiritual, se activa en ti, tu energía lumí- nica, es decir, todo tu carisma. Aumentarás y mostrarás al mundo lo más hermoso que eres y tienes. Esa cualidad será percibida por todos quienes te rodean.

Abundancia de Bondad: Cuando activas esta llave espiritual, se activa en ti, la capacidad de saber cuándo, cómo, qué y a quién dar. Se genera en ti, el sentir cuándo lo que estás dando es para beneficio del alma de quien recibe y no solo para sentir tu propio alivio espiritual. Es la herramienta que te permite convertirte en un canal de la energía de la vida, para dar a quien tienes que dar.

Abundancia de Compasión: Cuando activas esta llave espiritual, se va a generar en ti, la capacidad de poder acompañar a otros en su proceso de aprendizaje en la forma que los otros quieren hacerla. Es la herramienta que te permite recordar que cada alma tiene su forma espe- cial para aprender y evolucionar.

Abundancia de Comunicación: Cuando activas esta llave espiritual, se genera en ti, la capa- cidad de poder trasmitir información en forma asertiva, es decir, vas a utilizar las palabras que el otro realmente necesita escuchar y con las cuales va a comprender el mensaje que tú estás intentando trasmitirle. También, vas a comenzar a comprender lo que otras personas quieren trasmitirte. Es la herramienta que te permite también comprender los mensajes que tus comi- tés espirituales te están enviando.

Abundancia de Constructividad: Cuando activas esta llave espiritual, generas en ti, la cer- teza de qué es lo que realmente quieres para tu vida y también te despierta la capacidad de poder ver cuáles son las herramientas que tienes hoy para poder lograr esos objetivos que deseas.

Abundancia de Creatividad: Cuando activas esta llave espiritual, vas a comenzar a desa- rrollar la capacidad de ir resolviendo en forma fácil, rápida y segura todos los conflictos que la vida, en complicidad con tu alma, va a ir colocando en tu camino para que puedas aprender y evolucionar.

Abundancia de Discernimiento: Cuando activas esta llave espiritual, se activa en ti, el sentido común, tu criterio, y la capacidad de diferenciar varias cosas de un mismo evento o situación específica. Vas a comenzar a poder "ver" el lado limitado y también el lado constructivo de las personas que te rodean, como de los diferentes aspectos de tu vida.

Abundancia de Empatía: Cuando activas esta llave espiritual, se va a despertar en ti, la ca- pacidad de poder comprender los procesos de evolución y sanación de otras personas. Vas a activar el sentimiento de amor y respeto hacia la forma que tienen las otras personas de elegir como vivir las diferentes experiencias y los diferentes aprendizajes que ofrece la Vida.

Abundancia de Empoderamiento: Cuando activas esta llave espiritual, activa en ti, la ca- pacidad de Ser Tu Mismo, de reconocer tus capacidades, tus sueños, tus herramientas y vivir la vida desde el lugar de ser el propio creador de tu realidad. Vas a comenzar a asumir la responsabilidad de tus co-creaciones, de tus acciones y dejar que las personas que te rodean también la hagan.

Abundancia de Equilibrio: Cuando activas esta llave espiritual, se generan en ti, las acciones necesarias para colocarte en el lugar de tu sistema familiar que realmente te corresponde. Activa en ti la capacidad de armonizarte con el dar y tomar de la Vida, de la Naturaleza y de las personas que te rodean.

Abundancia de Fe: Cuando activas esta llave espiritual, generas en ti, la capacidad y la certeza de entregarle a la Vida, a Dios o a tus Ángeles, todos aquellos conflictos o desafíos que sientes que ya no puedes resolver. Se genera en ti también, la capacidad de reconocer hasta qué punto humanamente puedes actuar y cuándo es el momento de solicitar ayuda Divina y confiar en el proceso Divino de la Vida.

Abundancia de Felicidad: Cuando activas esta llave espiritual, se genera en ti, la capacidad de conectarte con momentos de la vida y con personas que realmente te llenan el alma. Vas a comenzar a reconocer cuáles son esos momentos y cuáles son esas personas, y también, a desarrollar nuevas formas de ver la vida y los diferentes momentos que estás eligiendo vivir.

Abundancia de Fortaleza: Cuando activas esta llave espiritual, se va a activar en ti, tu Fuerza de Vida, el motor que te va a permitir esta existencia, la capacidad de enfrentar todos los días los obstáculos que la Energía de la Vida en complicidad con tu Alma eligen que vivas para que puedas aprender y evolucionar hacia un ser libre y feliz. La Fuerza de Vida es tu conexión con la Vida Terrenal.

Abundancia de Gratitud: Cuando activas esta llave espiritual, vas a comenzar a poder ver el lado "bueno y bonito" de las personas, las cosas y los diferentes eventos de tu vida. Lo que se genera en ti al activar la gratitud es el poder ver la mitad del vaso lleno de la Vida en lugar de la mitad vacía.

Abundancia de Humildad: Cuando activas esta llave espiritual, se va a generar en ti, la ca- pacidad de poder reconocer cuando estás equivocado/a y reparar el error. También se va a activar una parte en ti, que reconoce todas tus llaves espirituales y virtudes.

Abundancia de Iluminación: Cuando activas esta llave espiritual, se activa en ti, la capacidad de reconocer las sincronías de la vida. Cuando tú decidiste encarnar hiciste una lista de los aspectos que querías aprender. Esa lista la tienen tus comités espirituales que durante la vida te van guiando en cómo poder realizar esos objetivos que te propusiste. Activa en ti la capacidad de poder seguir las pistas que te envían tus comités espirituales, y de esa forma, poder realizar los aprendizajes que tu alma necesita para ser feliz, abundante y evolucionar.

Abundancia de Introspección: Cuando activas esta llave espiritual, se genera en ti, la capa- cidad de reconocer en qué emoción estás parado. Eso te va a servir para cuando la emoción que sientes es limitante, puedas transmutarla o simplemente esperar para tomar las decisiones importantes o no tanto, en la vida.

Abundancia de Libertad: Cuando activas esta llave espiritual, vas a comenzar a elegir desde el corazón, entre las diferentes opciones disponibles que te ofrece la Vida. Vas a comenzar a re- conocer que eres responsable de las elecciones que haces. Esta llave espiritual te empodera en esa elección y te permite reconocer cómo y cuándo estás siendo un Co-creador Consciente de tu Vida.

Abundancia de Merecimiento: Cuando activas esta llave espiritual, comienzas a abrirte energéticamente a recibir todo lo mejor que la Vida tiene para darte. Comienzas a comprender que cuando aceptas lo bueno que la vida tiene para darte, vas a recibir más de eso que estás aceptando. También, vas a comenzar a decir no, a todo aquello que sientes te hace daño.

Abundancia de Pasión: Cuando activas esta llave espiritual, tu alma comienza a recordar para qué decidió encarnar. Entonces, tu vida comienza a desarrollarse desde otra mirada. Vas a comenzar a comprender y sentir que lo que estás viviendo es lo que realmente te sirve para aprender algo y saber que las cosas siempre tienen un porque y no están libradas al azar.

Abundancia de Perdón: Cuando activas esta llave espiritual, te liberas de las emociones y energías limitantes que te atan a situaciones pasadas que supuestamente te dañaron. Al liberarte de esas energías vas a comenzar a poder ver todos los aprendizajes que esas situaciones traían a tu vida, y te vas a dar cuenta de que en realidad esa situación trajo a tu vida muchos aprendizajes.

Abundancia de Perseverancia: Cuando activas esta llave espiritual, se va a activar en ti, la capacidad de poder distinguir cuando una complicación significa un cambio de camino o un desafío normal en el proceso de crecimiento y evolución natural de la vida. Te va a permitir tomar decisiones importantes, como por ejemplo, cuándo continuar con una relación o un proyecto, o cuándo es hora de dejarlo.

Abundancia de Resiliencia: Cuando activas esta llave espiritual, activas en ti, la capacidad que tienes de adaptarte en forma positiva y constructiva a situaciones adversas de la vida. La activación de esta llave te va a permitir transformar tu dolor en la fuerza para superarte y salir fortalecido y más sabio de los diferentes aprendizajes de la vida. Vas a comprender que los procesos dolorosos son simplemente, parte de esta experiencia llamada vida.

Abundancia de Responsabilidad: Cuando activas esta llave espiritual, se activa en ti, tu capacidad de hacerte consciente de tus acciones y tus co-creaciones. Esto implica también que, vas a comenzar a cuidar de ti y de los compromisos que adquieres. También, se va a activar tu capacidad de respetar las normas, el uso del sentido común y tu contribución a mejorar la vida en este planeta Tierra.

Abundancia de Sabiduría: Cuando activas esta llave espiritual, se va a activar en ti, la capa- cidad de poder hacer los aprendizajes de las diferentes situaciones que estás viviendo en este momento. Cuando puedes hacer el aprendizaje de algo, te liberas de seguir repitiéndolo. Cuan- do aprendes, transmutas el karma en dharma. ¡Eso es lo que estás haciendo cuando practicas Freedom Healing!

Abundancia de Salud: Cuando se activas esta llave espiritual, comienzas a buscar los medios para estar bien. Se potencia mucho más el auto cuidado en los aspectos físicos, mentales, emo- cionales y espirituales. Recuerda que la salud no es algo solo físico, sino también que involucra los otros aspectos importantes del ser humano como son tus emociones, tus pensamientos y tu energía.

Abundancia de Templanza: Cuando activas esta llave espiritual, se va a activar en ti, la ca- pacidad de actuar por lo que quieres y a su vez dejarte fluir con la energía de la vida. Cuando estés en la vibración de esta llave espiritual, vas a sentir y comprender que hay procesos de tiempo para todo. También lograrás diferenciar cuándo tienes que actuar y cuándo tienes que entregarte y dejarte fluir.

Abundancia de Unidad: Cuando activas esta llave espiritual, se genera en ti, la capacidad de poder reconocer los espejos negativos y positivos en las personas que te rodean. Los espejos negativos son aquellas personas de las cuales te molesta algo, y es ese algo lo que en realidad tendrías que activar un poco más en ti. Los espejos positivos son aquellas personas a las cuales admiras por algo, esas personas te están mostrando que tú también eres o tienes eso, y falta que lo reconozcas.

Abundancia de Verdad: Cuando activas esta llave espiritual, se activa en ti, la capacidad de poder ver aspectos de tu vida, de la realidad y de otras personas que no habías podido ver porque tus creencias o pensamientos te lo estaban limitando. Esta llave espiritual también te va a activar la capacidad de poder escuchar tu intuición, esa vocecita interna que te va dando señales que no coinciden con lo que piensas de ti, de otras personas o de la vida.

Abundancia de Voluntad: Cuando activas esta llave espiritual, se activa en ti, la capacidad de controlar tu ego y dejar que se manifiesten los deseos de tu alma. Comienzas a manifestar el Ser Abundante que realmente eres.

Niveles de enseñanza de Freedom Healing*

Nivel 1. Espiritualidad Terrenal

Este curso es el primer paso para introducirte el fabuloso mundo de Freedom Healing, el método de Kryon.

El fin de este método es que, al utilizar las herramientas que Kryon a entregado a la humanidad, puedas elevar tu nivel de consciencia para poder darte cuenta de cuales son las acciones que estás realizando que te están llevando a co-crear la vida que estás teniendo y poder hacer los cambios necesarios que tú quieres para cambiar tu vida.

Por otro lado, también se va a activar en ti la capacidad de poder comprender y ver las señales que tus comités espirituales están enviando a tu vida diaria para indicarte cuál es tu misión de vida y cómo puedes ir resolviendo los diferentes problemas que se te van presentando.

Lograrás con la práctica de Freedom Healing, poder lograr ese nivel de consciencia que te lleva a fluir con la vida. En este curso te voy a enseñar a cómo usar las cartas de Freedom Healing, para activar tus llaves espirituales.

Además también, enseñaré a realizarte sesiones básicas de Freedom Healing, investigando diferentes experiencias de vidas que hay grabadas en tu alma y que están limitando los diferentes aprendizajes que tu alma quiere realizar en esta encarnación. Kryon dice que lo primero que uno tiene que hacer es comenzar la propia sanación para prepararse para el siguiente paso que es el nivel 2.

*Los Niveles 1, 2, 3 y 4 se encuentran disponibles en forma digital en www.hotmart.com

Nivel 2. Ancestrología y Freedom Healing

Una vez que aprendiste a realizarte las autosesiones básicas, ya estás listo para continuar con un paso más, que es ordenar tu sistema familiar.

Lo primero que hacemos al comenzar el curso es completar tu árbol genealógico con tus padres, tus abuelos y tus bisabuelos, con la información que tengas disponibles de ellos.

Luego, con una técnica muy simple, de los cuales algunos pasos ya aprendiste en el nivel 1 de Espiritualidad Terrenal, vas a dejar guiarte por tu Yo Superior o tu Divinidad en cuáles llaves espirituales son necesarias activar entre tú y un ancestro para ordenar el sistema y además, poder transmutar todas las memorias limitantes que puedes haber tomado de tu ancestro y además, activar también todo lo constructivo que este ancestro tiene para brindarte.

Es un curso super potente que te prepara para el siguiente paso, que es poder realizar sesiones de Freedom Healing más complejas para ti y también para otras personas.

Nivel 3. Formación para ser Terapeuta de Freedom Healing

En este nivel, vas a seguir profundizando en el uso de las herramientas de Freedom Healing. Te voy a enseñar a utilizar las llaves espirituales de Kryon para investigarlas en relación a objetos y conceptos del mundo que te rodea. Además también, con una técnica muy simple, se te va a enseñar a buscar creencias limitantes para que las puedas cambiar por creencias constructivas.

En este nivel, también vas a aprender, cómo realizar sesiones generales de Freedom Healing a otras personas.

Nivel 4. Formación para ser Terapeuta Avanzado de Freedom Healing

En este nivel, te enseño a cómo realizar las sesiones de Padre, Madre, Pareja y Niño interno. En las sesiones de Padre Interno y Madre Interna te enseño a cómo buscar información en el discurso del consultante y de esa forma poder devolverle una visión reconstruida de su padre y madre. En esas sesiones se comienza a ordenar el sistema familiar, al colocar a los padres en el lugar que les corresponde, como tus sostenedores. Al realizar la sesión de Pareja Interna, se equilibra tu capacidad de dar y recibir, al permitirte recibir en la misma forma que das, eliminando los abusos en tu vida. Finalizas el ciclo de sesiones conectándote con tu Niño Interno y reconociendo lo que realmente quieres para tu vida y encontrando herramientas para lograr esos objetivos.

Durante el curso te iré enseñando cómo realizar cada sesión y si el curso lo realizas en forma presencial o personalizada, irás recibiendo cada una de ellas. Te enseñaré cómo funciona el sistema familiar y cómo ir sanando y ordenando ese sistema en la práctica de todos los días, a través del discurso y de las acciones cotidianas.

Nivel 5. Formación para ser Instructor de Freedom Healing

En este nivel, te enseño a dictar los curos de los niveles uno (Espiritualidad Terrenal), dos (Ancestrología y Freedom Healing), tres (Terapeuta de Freedom Healing) y cuatro (Terapeuta Avanzado).

Kryon dice que este nivel es un proceso de evolución muy importante para tu alma, porque te estás comprometiendo a ser guiado por su energía a ir sembrado las semillas de Freedom Healing alrededor del mundo. Serás guiado por Kryon a ir a los lugares del mundo donde las personas necesiten activar su Ser Abundante.

Para poder participar en el curso de este nivel, es necesario que tengas finalizados los cursos anteriores.

Este nivel, es indicado sólo para aquellas personas que sientan en su corazón el deseo de iniciar a otros con esta herramienta.

Este nivel, solo se dicta en forma presencial, en talleres de fin de semana y solo serán (hasta que Kryon indique lo contrario) dictados por mí.

Espiritualidad práctica

Cuanto más manifiestas la intención de activar la Energía Crística de tu alma en tu corazón, lograrás vivir con mayor consciencia de quién realmente eres, porque estás conectado con tu Divinidad.

Para activar la Energía Crística de tu alma, utiliza la siguiente frase:

"Yo activo la Energía Crística de mi alma"

Utiliza esa activación en cualquier de tus tareas cotidianas: trabajar, estudiar, realizar actividad física, cuando sientas algún malestar físico, emocional o mental, en situaciones que sientas que tienes que hacerlo, etc.

Freedom Healing es espiritualidad práctica. No necesitas estar meditando o en un estado especial para utilizar esta herramienta. El fin de este sistema es que puedas incorporar a tu vida terrenal o "mundana" estas herramientas y no tener dos vidas separadas, la espiritual por un lado (cuando haces cursos y meditas) y la mundana por otro (cuando trabajas y haces las cosas de todos los días).

Activaciones de Freedom Healing

Las cartas de Freedom Healing, representan cada una de las herramientas espirituales entregadas por Kryon a la Humanidad, para elevar el nivel de Consciencia; tu sabiduría interna, tus guías espirituales te van a mostrar para saber cuál es la llave espiritual que tienes que activar para comprender el aprendizaje de la situación que estás viviendo, es decir, tomar Consciencia de tu co-creación y poder cambiarla.

Cuando activas una llave espiritual de Kryon, transmutas todas las memorias de emociones, votos, creencias, programaciones y energías y todo lo que hay en los registros de tu alma que te están bloqueando, y la herramienta de la llave se activa en tus cuerpos energéticos y comienzas a experimentar la vivencia de esa llave espiritual y comienzas a vivir la Vida desde la realidad de un Ser Espiritual Consciente.

Al pedirle a tu Yo Superior que haga la transmutación le estás dando permiso a la energía Crística para que ingrese a tus cuerpos energéticos y realice la alquimia de cambiar todo lo que te está bloqueando en la Energía Crística de tu alma para que se manifieste tu Divinidad y puedas vivir una vida terrenal consciente de tus procesos de aprendizaje.

Cómo realizar una activación de Freedom Healing

Activa la Energía Crística de tu alma repitiendo la frase, mientras visualizas una luz blanca en el centro de tu pecho:

"Yo activo la Energía Crística de mi alma"

Siente cómo está activada la energía. Ahora, elige 3 cartas de tu mazo. Puedes hacerlo pasando la mano por encima de ellas y tomar aquellas que sientas o mirarlas y sentir cuáles debes elegir. Lee el significado de cada una de las llaves espirituales. Toma cada carta y mentalmente o en voz alta repite la siguiente frase:

"Yo Superior transmuten todas las memorias y todo lo que hay en mi Ser, que estén limitando la llave espiritual de … (la carta que hayas elegido) en la Energía Crística de mi alma y activen mi ADN crístico original. Gracias, así es".

Siente cómo se transmuta, imaginando en tu campo el color de tu carta. Haz lo mismo con cada carta. Lo puedes hacer con los ojos abiertos o cerrados, como sea más cómodo para ti. Recuerda que lo puedes hacer en cualquier momento y lugar.

Ejercicio: Activación de Freedom Healing

Activa la Energía Crística de tu alma repitiendo la frase: "Yo activo la Energía Crística de mi alma". Elige 3 cartas de tu mazo:

Llave espiritual 1. (Lee el significado): ....
Llave espiritual 2. (Lee el significado): ....
Llave espiritual 3. (Lee el significado): ....

Transmuta las memorias y todo lo que esté limitando cada uno de esas llaves espirituales, utilizando la siguiente frase:

"Yo Superior transmuten todas memorias y todo lo que hay en mi Ser, que esté limitando mi llave espiritual de (la carta que hayas elegido) … en la Energía Crística de mi alma y activen mi ADN Crístico original. Gracias, así es".

Para realizar este ejercicio también puedes realizar la meditación inicial que está disponible en la página web de Freedom Healing: www.freedomhealing.org . El video explicativo de cómo realizar este ejercicio también está disponible en el curso Espiritualidad Terrenal disponible en www.hotmart.com

.

Desbloquear temas específicos

Las cartas de Freedom Healing, no te dicen qué es lo que te va a pasar o qué tienes que hacer ante un problema o un conflicto con otra persona o situación. Las cartas te indican cuál **HERRAMIEnTA ESPIRITUAL** necesitas activar en tus campos energéticos para poder resolver ese desafío que la vida te está mostrando.

Eso significa también que la resolución del tema no va a hacer como tú quieres, sino será como tu alma lo necesita para aprender, liberarse, transformarse y evolucionar.

Cuando tengas un problema con alguien o algo, toma las cartas de Freedom Healing y procede de la siguiente forma:

1) Activa y siente la Energía Crística de tu alma repitiendo la frase:

"Yo activo la Energía Crística de mi alma"

2) Pregunta a tu Yo Superior qué llave espiritual tienes que activar con esa situación. Ejemplos: si tienes problema con una persona, pregunta: ¿Cuál llave espiritual tengo que activar entre (nombre de la persona) y yo? Si el problema es con algo, como el dinero o la comida, pregunta: ¿Cuál llave espiritual tengo que activar entre (el dinero o la comida) y yo? Elige una carta. Lee el significado de esa llave espiriutal. Mentalmente o en voz alta repite la siguiente frase:

"Yo Superior transmuten todas las memorias y todo lo que hay en mi Ser, que esté limitando mi llave espiritual de … (la carta que hayas elegido) entre (tema específico) … y yo, en la Energía Crística de mi alma y activen mi ADN Crístico original. Gracias, así es".

3) Visualiza el color de la carta en todo tu campo y siente como se transmuta y cómo el color se va aclarando. Agradece desde tu corazón a tu Yo Superior la activación de esta llave espiri- tual. Lo puedes hacer con los ojos abiertos o cerrados, como a ti te acomode. Recuerda que lo puedes hacer en cualquier momento y lugar. No necesitas estar solo o en un lugar especial para hacerlo. Puedes hacerlo mientras estás en la oficina, en una reunión, en un café, en el metro, donde te encuentres al momento de tener las ganas de preguntar.

Si no tienes las cartas en ese momento puedes decirle al Yo Superior:

"Yo Superior transmuten todas las memorias y todo lo que hay en mi Ser, que esté limitando todas mis llaves espiriutales en la Energía Crística de mi alma y activen mi ADN Crístico original. Gracias, así es".

Déjate guiar por el Yo Superior en los colores que aparezcan en la transmutación y agradece la activación de esas llaves espirituales en todo tu ser.

Ejercicio:

Pregunta:
¿Qué llave espiritual tengo que activar entre (el tema o persona que tú quieras trabajar): ……
… .... y yo?
Llave espiritual elegida. (Lee el significado): ....

Transmuta, imaginando el color de la carta, hasta que el color se aclara, repitiendo la siguiente frase:

"Yo Superior transmuten todas las memorias y todo lo que hay en mi Ser, que esté limitando mi llave espiritual de ... entre ... y yo, en la Energía Crística de mi alma y activen mi ADN Crístico original. Gracias, así es".

El video explicativo de este ejercicio lo puedes encontrar en el curso Espiritualidad Terrenal disponible en www.hotmart.com

Descripción de Gráficos*

Primer gráfico: Cuándo

Este gráfico representa los diferentes momentos de la historia del alma en donde se puede haber producido un núcleo energético que limita una llave espiritual.

Vida presente: Son eventos que se generaron desde que encarnaste hasta el día de hoy o proyecciones que el alma ha hecho para el futuro. Pueden ser eventos que no recuerdes que hayan sucedido. Cuando tu Yo Superior te indica que la llave que estás investigando se limitó en tu vida presente, no tienes que preguntar quien eras, porque se refiere a tu vida actual.

Vida pasada: Son experiencias de vida, vividas por tu alma antes de esta encarnación en este planeta. Cuando tu Yo Superior te indica que la limitación a la llave espiritual se estableció en una vida pasada, tienes que utilizar el gráfico de personajes para saber quien eras tú en esa experiencia de vida.

Bardo: Son experiencias que el alma ha experimentado desde el momento que decidió encarnar hasta que lo hace. Se investiga como si fuera tu vida presente.

*__LOS GRAFICOS__ para realizar las sesiones se encuentran al final del manual.
La explicación de estos gráficos está disponible en los videos teóricos del curso Espiritualidad Terrenal disponible en www.hotmart.com

Segundo gráfico: Personajes

Este gráfico representa los diferentes roles que puedes interpretar en las diferentes encarnaciones. Se utiliza durante el procedimiento de investigación para buscar los personajes que están involucrados en las diferentes experiencias de vida y también para saber quien fuiste en una vida pasada.

Recuerda que los gráficos son limitados. Deja fluir. No intentes "entender" o "saber" de quien o de qué se trata lo que estás investigando. Cuando más involucres el intelecto más bloqueas tu comunicación con tu Yo Superior.

Los personajes del gráficos están divididos en diferentes categorías

Los personajes espirituales, es decir, los que no tienen cuerpo físico, que son:

1) **Dios**: Se puede referir al concepto de Dios que tú tengas en este momento, como a otros conceptos. Por ejemplo, pueden aparecer vidas pasadas donde Yo Superior te indica que eras Dios, eso es porque se refiere a experiencias donde fuiste considerado Dios. Puede ser el Dios religioso cristiano, o varios Dioses, todo depende la experiencia de vida que estés investigando.

2) **Yo Superior**: Se refiere a la parte más sabia de tu alma.

3) **Ángel**: Se refiere a las almas que vienen a colaborar con otras almas en su proceso de crecimiento y evolución espiritual, se incluyen aquí a los ángeles guardianes.

4) **Alma**: Se refiere a cualquier tipo de alma, con o sin energía limitantes, es decir, almas oscuras o luminosas.

Los personajes que "dan" en el sistema familiar. Son aquellos que están antes que tú, tus ancestros, y que son:

1) **Padre**: Se refiere a un hombre en el rol de padre, o también puede ser que esté indicando un abuelo, un suegro.

2) **Madre**: Se refiere a una mujer en su rol de madre, abuela o suegra.

Los personajes que "dan y reciben" en el sistema familiar. Son aquellos que están en tu misma generación, y que son:

1) **Hermano**: Se refiere a un hombre en su rol de hermano, primo o cuñado.

2) **Hermana**: Se refiere a una mujer en su rol de hermana, prima, cuñada.

3) **Esposo**: Se refiere a un hombre en su rol de pareja de otra persona. Aquí no importa si están casados legalmente o no.

4) **Esposa**: Se refiere a una mujer en su rol de pareja de otra persona. Aquí no importa si están casados legalmente o no.

Los personajes que "reciben" en el sistema familiar. Son aquellos que están después que tú, tu descendencia, y que son:

1) **Hijo**: Se refiere a un hombre en su rol de hijo, nieto o sobrino.

2) **Hija**: Se refiere a una mujer en su rol de hija, nieta o sobrina.

Los personajes que no tienen relación directa con el sistema familiar, y que son:

1) **Religioso**: Se refiere a un hombre que dedica su vida a la religión o también a la espiritualidad. Pueden ser sacerdotes, monjes, chamanes, rabinos, etc.

2) **Religiosa**: Se refiere a una mujer que dedica su vida a la religión o también a la espiritualidad. Pueden ser monjas, chamanas, etc.

3) **Otros personajes**: Aquí pueden aparecer cualquier otro tipo de personaje que Yo Superior no puede mostrarnos del resto del gráfico porque no están impresos. Muchas veces pasa que nos quiere indicar un abuelo, por ejemplo, y en vez de indicarnos "padre" no da esta opción.

4) **Grupo**: Puede referirse a la familia como también a cualquier otro tipo de grupo de personas. Ejemplo: estudiantes, compañeros de trabajo, grupo de monjes, la sociedad en general, etc.

5) **Hombre**: Se refiere a una persona del sexo masculino con rol indefinido.

6) **Mujer**: Se refiere a una persona de sexo femenino con rol indefinido.

Tercer gráfico: Memorias

Este gráfico representa la "chaqueta de la humanidad", es decir, las emociones, las promesas realizadas por el alma y las creencias. Utiliza este gráfico para buscar cuales fueron las memorias de las diferentes experiencias de vida que limitaron la oportunidad de realizar el aprendizaje que tu alma necesita hacer de esa experiencia.

Rabia: La ira o rabia es una emoción que se expresa con el resentimiento, furia o irritabilidad. Algunos ven la ira como parte de la respuesta cerebral de atacar o huir frente a una amenaza o daño percibidos. La ira puede tener muchas consecuencias físicas y mentales. Los psicólogos apuntan que una persona irritable puede fácilmente estar equivocada porque la ira causa una pérdida en la capacidad de auto-monitorearse y en la observación objetiva. Manifestaciones de la ira pueden ser usadas como una estrategia de manipulación mental para influenciar socialmente.

Baja autoestima: La autoestima es el conjunto de percepciones, pensamientos, evaluaciones, sentimientos y tendencias de comportamiento dirigidas hacia nosotros, hacia nuestra mane- ra de ser y de comportarnos, y hacia los rasgos de nuestros cuerpo y nuestro carácter. Es la percepción evaluativa de sí mismo. Cuando tenemos baja autoestima, esa percepción sobre nuestra capacidad es muy baja, casi nula. La importancia de la autoestima estriba en que con- cierne a nuestro ser, a nuestra manera de ser y al sentido de nuestra valía personal. Por lo tanto, afecta nuestra manera de estar y actuar en el mundo y de relacionarnos con los demás. Nada de nuestra manera de pensar, de sentir, de decidir y de actuar escapa a la influencia de la autoestima.

Desamparo: Es un sentimiento de soledad acompañado de la sensación de abandono. También puede significar aislamiento o confinamiento, falta de contacto con otras personas. Puede tener origen en diferentes causas, como la propia elección del individuo (promesas, votos o creencias), una enfermedad contagiosa, hábitos socialmente no aceptados u otras como la situación social o laboral del individuo.

Frustración: La frustración es una respuesta emocional común a la oposición con la ira y la decepción, que surge de la percepción de resistencia al cumplimiento de la voluntad individual. Cuando mayor es la obstrucción y la voluntad, mayor también será probablemente la frustración. La causa de la frustración puede ser interna o externa. En las personas, la frustración interna puede surgir de problemas en el cumplimiento de las metas personales y deseos, las pulsiones y necesidades, o tratar con las deficiencias observadas, tales como la falta de confianza o temor a situaciones sociales. El conflicto también puede ser una fuente interna de frustración, cuando uno tiene objetivos contrapuestos que interfieran unos con otros, puede crear una disonancia cognitiva. Las causas externas de la frustración, implican condiciones fuera de un individuo, como un camino bloqueado o una tarea difícil. Se genera cuando lo que deseo no sucede de la forma esperada y no acepto ese resultado.

Autolimitación: La autolimitación significa una restricción o represión infringida por uno. No necesariamente es una conducta negativa porque tiende a poner límites o aceptarlos. Cuando Yo Superior lo indica como emoción, voto o creencia es porque esa represión implicó no poder realizar algún aprendizaje.

Falta de perdón: Es la ausencia de una condonación, cese de una ofensa, demanda o castigo. Normalmente está implícita una ira u odio no resuelto.

Traición: Se considera traición cuando se defrauda a familia, amigos, o cualquier otro grupo de personas, por acciones o dichos voluntarios o involuntarios.

Pesimismo: Es un estado de ánimo en el cual se siente que estamos viviendo lo peor. Es uno de los síntomas de la depresión.

Rechazo: Se produce cuando una persona es excluida intencionalmente de una actividad o interacción social. También puede ser producida sin intención, lo que lleva implícita una indiferencia. Esto puede producir en la persona que lo sufre sentimientos de soledad, baja autoestima, agresión, depresión y resentimiento.

Infelicidad: Es un estado de insatisfacción y que muchas veces se relaciona con la pena. Se manifiesta cuando sentimos que no podemos concretar las metas que nos proponemos en nuestra vida.

Odio: El odio es una emoción de profunda antipatía, rencor, disgusto, aversión, enemistad o repulsión hacia una persona, cosa o fenómeno, así como el deseo de evitar o destruir el objeto odiado.

Resentimiento: Es la sensación de pena o ira no expresadas y acumuladas durante algún tiempo.

Miedo: Es la emoción que más bloquea tu conexión con la energía Original, porque es la emoción más paralizante que puedes sentir. El miedo o temor es una emoción caracterizada por un intenso sentimiento habitualmente desagradable provocado por la percepción de un peligro, real o supuesto, presente, futuro o incluso pasado. Es una emoción primaria que se deriva de la aversión natural al riesgo o la amenaza, y se manifiesta en todos los animales. La máxima expresión de miedo es el terror. Como voto o creencia puede ser el miedo al castigo de Dios.

Culpa: La culpa supone un estado afectivo consciente o inconsciente ante la creencia de haber infringido alguna ley, principio ético o norma, sean reales o imaginarias, y que produce malestar continuo.

Codicia: Es el afán excesivo de riquezas, sin necesidad de querer atesorarlas. Es considerado un pecado capital, y como tal, en cualquier sociedad y época, ha sido demostrada como un vicio. Para el budismo la codicia está sustentada en una conexión errada entre la felicidad y lo material.

Mentira: Es una declaración formulada por una persona que es falsa en todo o en algunas de sus partes. Esta declaración implica la intención de engañar consciente.

Autocastigo: Es una sanción auto impuesta que causa molestias físicas, mentales o emocionales. Como voto o creencia puede ser el castigarte como una forma de llegar a Dios.

Vergüenza: Es un sentimiento de conocimiento consciente de deshonor, desgracia o condenación. Normalmente implica una acción deshonrosa.

Falta de mérito: Es un sentimiento relacionado con la creencia de que no somos merecedores de objetos tanto materiales como inmateriales. La ausencia de mérito, implica colocarse en el último orden jerárquico de recibimiento.

Abandono: Expresa una condición de quietud de uno o de otras personas. No hay acción, no hay deseos.

Envidia: Es un sentimiento que causa dolor por no poseer los bienes materiales o cualidades que tienen otras personas. Lleva implícita una creencia de inferioridad con respecto a otros.

Depresión: Es una enfermedad que involucra abatimiento e infelicidad. También puede ser un estado de ánimo transitorio o permanente. La depresión no implica necesariamente tristeza, también puede manifestarse como una pérdida de interés o incapacidad para disfrutar de las actividades habituales.

Pánico: Es un miedo extremo.

Pobreza: Es la sensación de escasez y el miedo a no tener o no merecer estar seguro y cómodo. Como voto o creencia está relacionado por las creencias religiosas de que los ricos no entran en el reino de los cielos.

Crítica: Es definida como un juzgamiento con discernimiento. Un sentimiento limitante es cuando esa crítica es destructiva o cuando siento que lo es.

Indiferencia: Es un estado de ánimo en el cual no se siente inclinación o repugnancia a un objeto o una persona determinada. Se produce también cuando la persona objeto de nuestra atención y afecto no siente inclinación hacia nosotros o no somos correspondidos en la misma forma.

Egoísmo: Se manifiesta cuando las conductas de las personas están basadas en motivaciones auto interesadas.

Conflicto: Se establece un conflicto cuando hay un desacuerdo, ya sea entre dos personas o más o con uno mismo. El "auto conflicto" se establece cuando sentimos que queremos algo pero pensamos que eso no está bien tenerlo o hacerlo. Normalmente se relaciona con un estado de confusión mental o afectiva.

CuarTo gráfico: aPrendizajeS

Con este gráfico vas a poder buscar cuales son los aprendizajes pendientes del alma y también la intención por la cual estás haciendo la sesión. Estos aprendizajes son los que van a comenzar a manifestarse en tu vida, luego de la sesión:

Agradecer las experiencias de la vida: Cuando Yo Superior me indica este aprendizaje comienzo a ver el lado "b" (bueno y/o bonito) de alguna situación que estoy viviendo actual- mente. Comienzo a agradecer esa experiencia para ver el aprendizaje y liberarme de seguir repitiéndola.

Amar la energía del dinero: El dinero es energía vital. Sin dinero no puedo vivir. Amar esta energía me permite empoderarme de mi fuerza vital de vida y poder concretar todos mis proyectos y mis creaciones mentales y emocionales. Cuando Yo Superior me indica este aprendizaje es porque reconozco amar esta energía por todo lo que me permite hacer. Comprendo al dinero como energía de vida. Cuido esta energía, me empodero de ella, no regalo ni gasto mi dinero en cosas o en quienes no me interesan. Reconozco a la energía del dinero como una energía tan poderosa que puede tanto construirme como limitarme.

Aprender a abrazarte: Cuando Yo Superior me indica este aprendizaje comienzo a apapacharme, sostenerme o mimarme en los momentos mas críticos de mi vida. Siento como mi parte adulta se ocupa de mi parte más sensible y vulnerable que es mi niño interior. Encuentro la forma de abrazarme. Comienzo a recordar cómo me mimaban en mi niñez y realizo esas mismas acciones con los cambios necesarios para este momento. Me conecto con mi niño interno y realizo acciones que me conectan con la felicidad y con lo que estoy necesitando para mi vida en este momento.

Aprender a ser feliz: Cuando Yo Superior me indica este aprendizaje comienzo a disfrutar mi vida cotidiana, mis relaciones, mi trabajo, mi casa y sobre todo, los aprendizajes que estoy viviendo. Disfruto mis rutinas diarias y elimino de mis creencias que la felicidad me espera en el futuro cuando pueda viajar, dejar de trabajar, comenzar a trabajar, casarme, divorciarme, etc. Disfruto el momento presente.

Construir tu jardín interior: Cuando Yo Superior me indica este aprendizaje me empodero y disfruto de estar conmigo. Reconozco cuáles son las cosas cotidianas que me gustan y las que también "me llenan el alma". Me ocupo de realizar esas cosas todos los días. Disfruto de mi presencia, que es el símbolo más grande de amor hacia mí. Al hacerlo atraigo a mi vida a personas que me aman y me aceptan realmente como soy.

Empoderarte: Cuando Yo Superior me indica este aprendizaje comienzo a ser Yo. Reconozco mis sueños, mis capacidades, mis herramientas y vivo desde el lugar de ser el propio creador de mi realidad. Me ocupo de mí y me responsabilizo de mis decisiones. Reconozco qué me hace feliz y actúo para conseguirlo. Dejo de hacerme cargo de problemas ajenos. Empodero a otros y dejo de buscar que mis sueños o las soluciones a mis conflictos vengan de otras personas.

Equilibrar el dar y recibir: Si Yo Superior me indica este aprendizaje me alineo con la ley universal de "dar y recibir". Los padres dan, los hijos reciben. Entre pares (hermanos, pareja, amigos) es un dar y recibir en equilibrio. Esta ley permite que mantenga relaciones armoniosas, hacer los aprendizajes y dejar que las demás personas también lo hagan. Suelto el rol de madre o padre de las personas que no son mis hijos, o cualquier otra situación que estoy viviendo, y me coloco en el rol dentro de mi sistema familiar que realmente me corresponde.

Enfócate en las personas que amas y te aman: Cuando Yo Superior me indica este aprendizaje ocupo mi tiempo en las personas que realmente amo. También, tomo consciencia de quiénes son realmente las personas que me aman y con quién puedo contar y en quién puedo confiar.

Enfócate en tus éxitos: Cuando Yo Superior me indica este aprendizaje, me enfoco en todos mis logros. Disfruto y festejo cada pequeño y gran éxito que hay en mi vida. Cuando celebro, la vida lee que eso es importante para mi y acciona para seguir enviándome más de eso que estoy celebrando. Comprendo que muchas de las cosas más dolorosas o complicadas de mi vida fueron creadas por la Vida y mi Alma para que pudiera aprender. La vida tiene formas muy raras y mágicas de hacerme aprender y evolucionar.

Entregar a la vida lo que no puedes resolver: La vida me enfrenta todos los días a dife- rentes situaciones. Esos desafíos diarios están coordinados entre mi alma y la energía de la vida para que pueda aprender y evolucionar. Esto significa que todo lo que me sucede es porque tengo el poder para poder resolverlo. Mi limitación humana marcada por el miedo, la preocu- pación, la desesperación, la desesperanza, etc., me impiden poder reconocer esta capacidad y también, ver las soluciones a los diferentes conflictos. Mis comités espirituales y la energía de la vida saben como hacerlo. Cuando Yo Superior me indica este aprendizaje, comienzo a entre- garle a la vida todo lo que siento que no puedo resolver. Envuelvo los problemas en luz y se los doy a la Energía de la vida y a mis Comités Espirituales. Me ocupo de otras cosas para que la vida pueda accionar. Lo utilizo para temas financieros, emocionales, de salud, etc.

Fluir con la energía de la vida: Cuando Yo Superior me indica este aprendizaje reconozco que lo que estoy experimentando es lo que mi alma ha decidido que experimente para mi mejor aprendizaje y evolución. Fluir con la energía de la vida, significa dejarme llevar por las circunstancias. Realizo un equilibrio entre el accionar y el fluir con la energía de la vida. La vida es muy sabia, siempre me da lo que puedo sostener y lo que puedo resolver.

Ordenar tu vida: Cuando Yo Superior me indica este aprendizaje me ordeno y me coloco en "mi lugar" para que mi vida comience a fluir. Ordeno mis prioridades, al dedicarle el tiempo que realmente quiero a lo que es importante para mí.

Permitirte ser amado: Cuando Yo Superior me indica este aprendizaje reconozco cómo es mi forma de amar y cuándo realmente estoy amando. Reconozco que cada ser humano tiene su forma de amar. También comprendo como las personas que me rodean demuestran su amor hacia mí.

Reconocer que eres co-creador de tu propia realidad: Cuando Yo Superior me indica este aprendizaje me empodero y dejo de colocarte en el lugar de víctima en alguna situación. Reconozco también cuando estoy colocando en el lugar de víctima a otra persona, intentando hacerla feliz o ayudando a resolver sus problemas porque creo que no puede hacerlo solo.

Reconocer tu abundancia: Cuando Yo Superior me indica este aprendizaje, me enfoco en toda la abundancia que tengo. Reconozco y creo el tiempo, la salud, las ideas, los contactos, el amor, el dinero, etc., que necesito para ser feliz y crear las cosas que realmente quiero para mi vida.

Re-inventarte: Cuando Yo Superior me indica este aprendizaje comienzo a sincronizarme con los cambios que la Vida, en complicidad con mi alma me están pidiendo. Puedo comenzar a ver qué tengo que hacer en mi vida, cómo y cuándo. Además, voy a comenzar a ver las sincronías y toda la abundancia que hay presente en mi camino.

Uso del péndulo

El péndulo es la herramienta física que te ayuda a tener una conexión con tu Yo Superior. Vas a utilizar el péndulo para buscar información en los gráficos. Realizas una pregunta, te colocas en el vértice del abanico y esperas que el Yo Superior te indique la respuesta.

Ejercicio

Toma una respiración profunda y activa la energía esencial de tu alma. Busca en tu mazo de cartas cual llave espiritual tienes que activar entre el péndulo, los gráficos y tú. Pídele a tu Yo Superior que transmute todas las memorias que están limitando esa llave espiritual con la siguiente frase:

"Yo Superior transmuten todas las memorias y todo lo que hay en mi ser, que estén limitando la llave espiritual de … (la carta que hayas elegido) entre el péndulo, los gráficos y yo, en la Energía Crística de mi alma y activen mi ADN Crístico original. Gracias, así es".

Sesión Básica de Freedom Healing[*]

Pasos en una Sesión Básica de Freedom Healing

Preparación: Activas la Energía Crística de tu alma (meditaciones disponibles en www.freedomhealing.org). Eliges 3 cartas.
Primer paso: Investigas la primera llave espiritual elegida Segundo
paso: Investigas la segunda llave espiritual elegida. Tercer paso:
Investigas la tercera llave espiritual elegida.
Cierre de la sesión. Puedes realizar una meditación final.

Preparación
Al momento de sentarte para realizar una sesión de Freedom Healing, tienes que comenzar por activar la Energía Crística, puedes decir en voz alta o en tu mente la frase "Yo activo la Energía Crística de mi alma", o también realizar la meditación de inicio que hay disponible en el sitio web www.freedomhealing.org.

Primer paso: Investigar la primera llave espiritual.

1) Llave espiritual a investigar.
Anota en un cuaderno cuál es la llave espiritual que vas a investigar. Lee el significado de esa llave espiritual descrita en este libro.

[*]El video teorico y práctico de cómo realizar esta sesión se encuentra disponible en el curso Espiritualidad Terrenal en www.hotmart.com

2) Buscar el momento de tiempo en el cual la llave espiritual se limitó

En este paso, tienes que buscar en cuál experiencia de vida se limitó la llave espiritual que elegiste. Para eso vas a utilizar el gráfico de "Cuando". Colócate en el vértice del abanico del gráfico de "cuando" y pregunta a tu Yo Superior: ¿Cuándo se estableció la limitación de la llave espiritual de … (el que elegiste)? Lee la respuesta y anótala en tu cuaderno.

3) Buscar el personaje principal

En este paso tienes que buscar quién eras tú en la experiencia de vida que el Yo Superior te indicó en el paso anterior. Esta pregunta solo la realizas si te indicó "vidas pasadas". Si el Yo Superior te indicó que la limitación se produjo en la vida presente o en el bardo, no preguntes quién eres tú, porque se está refiriendo a ti viviendo esta vida de ahora.

Colócate en el vértice del abanico del gráfico de "Personajes" y pregunta a tu Yo Superior: ¿Quién era yo en esa experiencia de vida? Lee la respuesta y anótala en tu cuaderno.

4) Buscar los personajes involucrados.

En este paso tienes que preguntar quiénes están involucrados en esa experiencia de vida, ya que las limitaciones, siempre son en relación con otras personas. Utiliza el gráfico de "Personajes" y busca 3.

Preguntas a realizar:
- ¿Quién es el primer personaje involucrado? Anótalo en tu cuaderno.
- ¿Quién es el segundo personaje involucrado? Anótalo en tu cuaderno.
- ¿Quién es el tercer personaje involucrado? Anótalo en tu cuaderno.

5) Buscar memorias.

En este paso, tienes que buscar las memorias que están limitando el aprendizaje de esa experiencia de vida. Tienes que buscar 3 memorias en el gráfico de "Memorias".

Preguntas a realizar:
- ¿Cuál es la primera memoria? Anótala en tu cuaderno.
- ¿Cuál es la segunda memoria? Anótala en tu cuaderno.
- ¿Cuál es la tercera memoria? Anótala en tu cuaderno.

6) Transmutar las memorias.
Este es uno de los pasos más importantes de la investigación, porque vas a pedirle a tu Yo Superior que transmute todas las memorias y todo lo que hay en los registros de tu alma y en tu campo energético, que están limitando el aprendizaje que el alma tiene que realizar con respecto a alguna experiencia de vida. Lo importante de este paso es que sientas que esas memorias se están transmutando. Toma el péndulo. Lo puedes colocar encima de la carta o en cualquier otro lugar, haz un movimiento para que comience a girar mientras dices en voz alta o mentalmente la siguiente frase:

"Yo Superior transmuten las memorias de (punto 5) … y todo lo que hay en mi Ser, que esté limitando mi llave espiritual de (punto 1) … en la Energía Crística de mi alma y activen mi ADN Crístico original. Gracias, así es".

Una vez que el péndulo dejó de girar, tu Yo Superior te está indicando que ya transmutó todas las memorias limitantes.

7) Buscar el aprendizaje.
Este también es uno de los pasos más importantes de la sesión. Reconocer el aprendizaje que te deja una experiencia es lo que te libera de seguir repitiéndola.

Una vez que sientas que las memorias fueron transmutadas, pregunta en el gráfico de aprendizajes: ¿Cuál era el aprendizaje de esa experiencia de vida? Anótalo en tu cuaderno y lee el significado que está descrito en este libro.

Resumen del procedimiento para investigar la limitación a una llave espiritual:

1) Llave espiritual limitada (1 de las 3 cartas elegidas en la preparación para trabajar).
2) ¿Cuándo se estableció? (Gráfico "Cuando").
3) ¿Quién era yo en esta experiencia de vida? (Gráfico "Personajes").
4) ¡Quiénes están involucrados? (Gráfico "Personajes").
5) ¿Cuáles memorias lo sustentan? (Gráfico "Memorias").
6) Transmutar en la energía original del alma.
7) ¿Cuál es el aprendizaje? (Gráfico "Aprendizajes").

Segundo paso: Investigar la segunda llave espiritual elegida

El modo de investigar es igual al primer paso:

1) Llave espiritual a investigar.
Anota en un cuaderno cuál es la llave espiritual que vas a investigar. Lee el significado de esa llave espiritual descrita en este libro.

2) Buscar el momento de tiempo en el cual la llave espiritual se limitó
En este paso, tienes que buscar en cuál experiencia de vida se limitó la llave espiritual que elegiste. Para eso vas a utilizar el gráfico de "Cuando". Colócate en el vértice del abanico del gráfico de "Cuando" y pregunta a tu Yo Superior: ¿Cuándo se estableció la limitación de la llave espiritual de … (el que elegiste)? Lee la respuesta y anótala en tu cuaderno.

3) Buscar el personaje principal
En este paso tienes que buscar quién eras tú en la experiencia de vida que el Yo Superior te indicó en el paso anterior. Esta pregunta solo la realizas si te indicó "Vidas pasadas". Si el Yo

Superior te indicó que la limitación se produjo en la vida presente o en el bardo, no preguntes quién eres tú, porque se está refiriendo a ti viviendo esta vida de ahora.

Colócate en el vértice del abanico del gráfico de "Personajes" y pregunta a tu Yo Superior: ¿Quién era yo en esa experiencia de vida? Lee la respuesta y anótala en tu cuaderno.

4) Buscar los personajes involucrados.

En este paso tienes que preguntar quiénes están involucrados en esa experiencia de vida, ya que las limitaciones, siempre son en relación con otras personas. Utiliza el gráfico de "Personajes" y busca 3.

Preguntas a realizar:
- ¿Quién es el primer personaje involucrado? Anótalo en tu cuaderno.
- ¿Quién es el segundo personaje involucrado? Anótalo en tu cuaderno.
- ¿Quién es el tercer personaje involucrado? Anótalo en tu cuaderno.

5) Buscar memorias.

En este paso, tienes que buscar las memorias que están limitando el aprendizaje de esa experiencia de vida. Tienes que buscar 3 memorias en el gráfico de "Memorias".

Preguntas a realizar:
- ¿Cuál es la primera memoria? Anótala en tu cuaderno.
- ¿Cuál es la segunda memoria? Anótala en tu cuaderno.
- ¿Cuál es la tercera memoria? Anótala en tu cuaderno.

6) Transmutar las memorias.

Este es uno de los pasos más importantes de la investigación, porque vas a pedirle a tu Yo Superior que transmute todas las memorias y todo lo que hay en los registros de tu alma y en tu campo energético, que están limitando el aprendizaje que el alma tiene que realizar con respecto a alguna experiencia de vida. Lo importante de este paso es que sientas que esas memorias se están transmutando. Toma el péndulo. Lo puedes colocar encima de la carta o en cualquier otro lugar, haz un movimiento para que comience a girar mientras dices en voz alta o mentalmente la siguiente frase:

"Yo Superior transmuten las memorias de (punto 5) … y todo lo que hay en mi Ser, que esté limitando mi llave espiritual de (punto 1) … en la Energía Crística de mi alma y activen mi ADN Crístico original. Gracias, así es".

Una vez que el péndulo dejó de girar, tu Yo Superior te está indicando que ya transmutó todas las memorias limitantes.

7) Buscar el aprendizaje.
Este también es uno de los pasos más importantes de la sesión. Reconocer el aprendizaje que te deja una experiencia es lo que te libera de seguir repitiéndola.

Una vez que sientas que las memorias fueron transmutadas, pregunta en el gráfico de Aprendizajes: ¿Cuál era el aprendizaje de esa experiencia de vida? Anótalo en tu cuaderno y lee el significado que está descrito en este libro.

Tercer paso: Investigar la última llave espiritual elegida

El modo de investigar es igual que en los pasos 1 y 2:

1) Llave espiritual a investigar.
Anota en un cuaderno cuál es la llave espiritual que vas a investigar. Lee el significado de esa llave espiritual descrita en este libro.

2) Buscar el momento de tiempo en el cual la llave espiritual se limitó

En este paso, tienes que buscar en cuál experiencia de vida se limitó la llave espiritual que elegiste. Para eso vas a utilizar el gráfico de "Cuando". Colócate en el vértice del abanico del gráfico de "Cuando" y pregunta a tu Yo Superior: ¿Cuándo se estableció la limitación de la llave espiritual de … (el que elegiste)? Lee la respuesta y anótala en tu cuaderno.

3) Buscar el personaje principal

En este paso tienes que buscar quién eras tú en la experiencia de vida que el Yo Superior te indicó en el paso anterior. Esta pregunta solo la realizas si te indicó "Vidas pasadas". Si el Yo Superior te indicó que la limitación se produjo en la vida presente o en el bardo, no preguntes quién eres tú, porque se está refiriendo a ti viviendo esta vida de ahora.

Colócate en el vértice del abanico del gráfico de "Personajes" y pregunta a tu Yo Superior: ¿Quién era yo en esa experiencia de vida? Lee la respuesta y anótala en tu cuaderno.

4) Buscar los personajes involucrados.

En este paso tienes que preguntar quiénes están involucrados en esa experiencia de vida, ya que las limitaciones, siempre son en relación con otras personas. Utiliza el gráfico de "Personajes" y busca 3.

Preguntas a realizar:
- ¿Quién es el primer personaje involucrado? Anótalo en tu cuaderno.
- ¿Quién es el segundo personaje involucrado? Anótalo en tu cuaderno.
- ¿Quién es el tercer personaje involucrado? Anótalo en tu cuaderno.

5) Buscar memorias.

En este paso, tienes que buscar las memorias que están limitando el aprendizaje de esa experiencia de vida. Tienes que buscar 3 memorias en el gráfico de "Memorias".

Preguntas a realizar:
- ¿Cuál es la primera memoria? Anótala en tu cuaderno.
- ¿Cuál es la segunda memoria? Anótala en tu cuaderno.
- ¿Cuál es la tercera memoria? Anótala en tu cuaderno.

6) Transmutar las memorias.

Este es uno de los pasos más importantes de la investigación, porque vas a pedirle a tu Yo Superior que transmute todas las memorias y todo lo que hay en los registros de tu alma y en tu campo energético, que están limitando el aprendizaje que el alma tiene que realizar con respecto a alguna experiencia de vida. Lo importante de este paso es que sientas que esas memorias se están transmutando. Toma el péndulo. Lo puedes colocar encima de la carta o en cualquier otro lugar, haz un movimiento para que comience a girar mientras dices en voz alta o mentalmente la siguiente frase:

"Yo Superior transmuten las memorias de (punto 5) … y todo lo que hay en mi Ser, que esté limitando mi llave espiritual de (punto 1) … en la Energía Crística de mi alma y activen mi ADN Crístico original. Gracias, así es".

Una vez que el péndulo dejó de girar, tu Yo Superior te está indicando que ya transmutó todas las memorias limitantes.

7) Buscar el aprendizaje.

Este también es uno de los pasos más importantes de la sesión. Reconocer el aprendizaje que te deja una experiencia es lo que te libera de seguir repitiéndola.

Una vez que sientas que las memorias fueron transmutadas, pregunta en el gráfico de Aprendizajes: ¿Cuál era el aprendizaje de esa experiencia de vida? Anótalo en tu cuaderno y lee el significado que está descrito en este libro.

Cierre de la sesión

Finaliza la sesión, con una meditación de alguna de las llaves espirituales que elegiste, disponi- bles en el sitio web: www.freedomhealing.org.

Autosesión[*]

Preparación para trabajar. Activación de la Energía Crística (meditación) y elección de 3 llaves espirituales.

Llave espiritual 1: ....
Llave espiritual 2: ....
Llave espiritual 3: ....

Primer paso. Investigación de la llave espiritual 1

Llave espiritual elegida (leer significado): ....
¿Cuándo se limitó esa llave espiritual?: ....
¿Quién era yo en esa experiencia de vida?: ....

¿Quiénes están involucrados en esa experiencia de vida?
Personaje 1: ....
Personaje 2: ....
Personaje 3: ....

*El video teorico y práctico de cómo realizar esta Autosesión se encuentra disponible en el curso Espiritualidad Terrenal en www.hotmart.com

¿Qué memorias quedaron en esa experiencia de vida?
Memoria 1: ....
Memoria 2: ....
Memoria 3: ....

Transmutar. Toma el péndulo. Lo puedes colocar encima de la carta o en cualquier otro lugar, haz un movimiento para que comience a girar mientras dices en voz alta o mentalmente la siguiente frase:

"Yo Superior transmuten las memorias de … y todo lo que hay en mi Ser, que esté limitando mi llave espiritual de … en la Energía Crística de mi alma y activen mi ADN Crístico original. Gracias, así es".

Una vez que el péndulo dejó de girar, tu Yo Superior te está indicando que ya transmutó todas las memorias limitantes.

¿Qué tenía que aprender de esa experiencia de vida? (leer *aprendizaje*): ....

Segundo paso. Investigar la segunda llave espiritual

Llave espiritual elegida (leer significado): ....
¿Cuándo se limitó esa llave espiritual?: ....
¿Quién era yo en esa experiencia de vida?: ....

¿Quiénes están involucrados en esa experiencia de vida?
Personaje 1: ....
Personaje 2: ....
Personaje 3: ....

¿Qué memorias quedaron en esa experiencia de vida?
Memoria 1: ....
Memoria 2: ....
Memoria 3: ....

Transmutar. Toma el péndulo. Lo puedes colocar encima de la carta o en cualquier otro lugar, haz un movimiento para que comience a girar mientras dices en voz alta o mentalmente la siguiente frase:

"Yo Superior transmuten las memorias de ... y todo lo que hay en mi Ser, que esté limitando mi llave espiritual de ... en la Energía Crística de mi alma y activen mi ADN Crístico original. Gracias, así es".

Una vez que el péndulo dejó de girar, tu Yo Superior te está indicando que ya transmutó todas las memorias limitantes.

¿Qué tenía que aprender de esa experiencia de vida? (*leer aprendizaje*): ....

Tercer paso. Investigar la llave espiritual restante

Llave espiritual elegida (leer significado): ....
¿Cuándo se limitó esa llave espiritual?: ....
¿Quién era yo en esa experiencia de vida?: ....

¿Quiénes están involucrados en esa experiencia de vida?
Personaje 1: ....
Personaje 2: ....
Personaje 3: ....

¿Qué memorias quedaron en esa experiencia de vida?
Memoria 1: ....
Memoria 2: ....
Memoria 3: ....

Transmutar. Toma el péndulo. Lo puedes colocar encima de la carta o en cualquier otro lugar, haz un movimiento para que comience a girar mientras dices en voz alta o mentalmente la siguiente frase:

"Yo Superior transmuten las memorias de … y todo lo que hay en mi Ser, que esté limitando mi llave espiritual de … en la Energía Crística de mi alma y activen mi ADN Crístico original. Gracias, así es".

Una vez que el péndulo dejó de girar, tu Yo Superior te está indicando que ya transmutó todas las memorias limitantes.

¿Qué tenía que aprender de esa experiencia de vida? (*leer aprendizaje*): ....

Cierre: Realiza una meditación disponible en el sitio web: www.freedomhealing.org

El video de cómo realizar esta sesión lo puedes encontrar en el curso Espiritualidad Terrenal en www.hotmart.com

Práctica de 33 Autosesiones[*]

Día 1

Fecha: ....

Autosesión de Freedom Healing

Preparación para trabajar. Activación de la Energía Crística (meditación) y elección de 3 llaves espirituales.

Llave espiritual 1: ....

Llave espiritual 2: ....

Llave espiritual 3:...

Primer paso. Investigación de la llave espiritual 1

Llave espiritual elegida (leer significado): ....

¿Cuándo se limitó esa llave espiritual?:..

¿Quién era yo en esa experiencia de vida?:..

*Todos los videos correspondientes a la práctica de los 33 días de este curso están disponibles en el curso Espiritualidad Terrenal en www.hotmart.com

¿Quiénes están involucrados en esa experiencia de vida?
Personaje 1: ....
Personaje 2: ....
Personaje 3: ....

¿Qué memorias quedaron en esa experiencia de vida?
Memoria 1: ....
Memoria 2: ....
Memoria 3: ....

Transmutar. Toma el péndulo. Lo puedes colocar encima de la carta o en cualquier otro lugar, haz un movimiento para que comience a girar mientras dices en voz alta o mentalmente la siguiente frase:

"Yo Superior transmuten las memorias de … y todo lo que hay en mi Ser, que esté limitando mi llave espiritual de … en la Energía Crística de mi alma y activen mi ADN Crístico original. Gracias, así es".

Una vez que el péndulo dejó de girar, tu Yo Superior te está indicando que ya transmutó todas las memorias limitantes.

¿Qué tenía que aprender de esa experiencia de vida? (*leer aprendizaje*): ....

Segundo paso. Investigar la segunda llave espiritual

Llave espiritual elegida (leer significado): ....
¿Cuándo se limitó esa llave espiritual?: ....
¿Quién era yo en esa experiencia de vida?: ....

¿Quiénes están involucrados en esa experiencia de vida?
Personaje 1: ....
Personaje 2: ....
Personaje 3: ....

¿Qué memorias quedaron en esa experiencia de vida?
Memoria 1: ....
Memoria 2: ....
Memoria 3: ....

Transmutar. Toma el péndulo. Lo puedes colocar encima de la carta o en cualquier otro lugar, haz un movimiento para que comience a girar mientras dices en voz alta o mentalmente la siguiente frase:

"Yo Superior transmuten las memorias de … y todo lo que hay en mi Ser, que esté limitando mi llave espiritual de … en la Energía Crística de mi alma y activen mi ADN Crístico original. Gracias, así es".

Una vez que el péndulo dejó de girar, tu Yo Superior te está indicando que ya transmutó todas las memorias limitantes.

¿Qué tenía que aprender de esa experiencia de vida? (*leer aprendizaje*): ....

Tercer paso. Investigar la llave espiritual restante

Llave espiritual elegida (leer significado): ....
¿Cuándo se limitó esa llave espiritual?: ....
¿Quién era yo en esa experiencia de vida?: ....

¿Quiénes están involucrados en esa experiencia de vida?
Personaje 1: ....
Personaje 2: ....
Personaje 3: ....

¿Qué memorias quedaron en esa experiencia de vida?
Memoria 1: ....
Memoria 2: ....
Memoria 3: ....

Transmutar. Toma el péndulo. Lo puedes colocar encima de la carta o en cualquier otro lugar, haz un movimiento para que comience a girar mientras dices en voz alta o mentalmente la siguiente frase:

"Yo Superior transmuten las memorias de … y todo lo que hay en mi Ser, que esté limitando mi llave espiritual de … en la Energía Crística de mi alma y activen mi ADN Crístico original. Gracias, así es".

Una vez que el péndulo dejó de girar, tu Yo Superior te está indicando que ya transmutó todas las memorias limitantes.

¿Qué tenía que aprender de esa experiencia de vida? *(leer aprendizaje)*: ....

Cierre: Realiza una meditación disponible en el sitio web: www.freedomhealing.org

Día 2

Fecha: ....

Autosesión de Freedom Healing

Preparación para trabajar. Activación de la Energía Crística (meditación) y elección de 3 llaves espirituales.
Llave espiritual 1: ....
Llave espiritual 2: ....
Llave espiritual 3:..

Primer paso. Investigación de la llave espiritual 1

Llave espiritual elegida (leer significado): ....
¿Cuándo se limitó esa llave espiritual?:...
¿Quién era yo en esa experiencia de vida?:..

¿Quiénes están involucrados en esa experiencia de vida?
Personaje 1:..
Personaje 2:..
Personaje 3:..

¿Qué memorias quedaron en esa experiencia de vida?
Memoria 1:..
Memoria 2:..
Memoria 3:..

Transmutar. Toma el péndulo. Lo puedes colocar encima de la carta o en cualquier otro lugar, haz un movimiento para que comience a girar mientras dices en voz alta o mentalmente la siguiente frase:

"Yo Superior transmuten las memorias de … y todo lo que hay en mi Ser, que esté limitando mi llave espiritual de … en la Energía Crística de mi alma y activen mi ADN Crístico original. Gracias, así es".

Una vez que el péndulo dejó de girar, tu Yo Superior te está indicando que ya transmutó todas las memorias limitantes.

¿Qué tenía que aprender de esa experiencia de vida? (*leer aprendizaje*):............................

Segundo paso. Investigar la segunda llave espiritual

Llave espiritual elegida (leer significado):...
¿Cuándo se limitó esa llave espiritual?:...
¿Quién era yo en esa experiencia de vida?:..

¿Quiénes están involucrados en esa experiencia de vida?
Personaje 1:...
Personaje 2:...
Personaje 3:...

¿Qué memorias quedaron en esa experiencia de vida?
Memoria 1:..
Memoria 2:..
Memoria 3:..

Transmutar. Toma el péndulo. Lo puedes colocar encima de la carta o en cualquier otro lugar, haz un movimiento para que comience a girar mientras dices en voz alta o mentalmente la siguiente frase:

"Yo Superior transmuten las memorias de … y todo lo que hay en mi Ser, que esté limitando mi llave espiritual de … en la Energía Crística de mi alma y activen mi ADN Crístico original. Gracias, así es".

Una vez que el péndulo dejó de girar, tu Yo Superior te está indicando que ya transmutó todas las memorias limitantes.

¿Qué tenía que aprender de esa experiencia de vida? (*leer aprendizaje*): ....

Tercer paso. Investigar la llave espiritual restante

Llave espiritual elegida (leer significado): ....
¿Cuándo se limitó esa llave espiritual?: ....
¿Quién era yo en esa experiencia de vida?: ....

¿Quiénes están involucrados en esa experiencia de vida?
Personaje 1: ....
Personaje 2: ....
Personaje 3: ....

¿Qué memorias quedaron en esa experiencia de vida?
Memoria 1: ....
Memoria 2: ....
Memoria 3: ....

Transmutar. Toma el péndulo. Lo puedes colocar encima de la carta o en cualquier otro lugar, haz un movimiento para que comience a girar mientras dices en voz alta o mentalmente la siguiente frase:

"Yo Superior transmuten las memorias de … y todo lo que hay en mi Ser, que esté limitando mi llave espiritual de … en la Energía Crística de mi alma y activen mi ADN Crístico original. Gracias, así es".

Una vez que el péndulo dejó de girar, tu Yo Superior te está indicando que ya transmutó todas las memorias limitantes.

¿Qué tenía que aprender de esa experiencia de vida? *(leer aprendizaje):* ………………………

Cierre: Realiza una meditación disponible en el sitio web: www.freedomhealing.org

Día 3

Fecha: ....

Activación de Freedom Healing

Activa la Energía Crística de tu alma, elige 3 llaves espirituales, lee su significado y luego pide transmutar las memorias que las están limitando. Una por una.

Llave espiritual 1: ....
Llave espiritual 2: ....
Llave espiritual 3:..

Transmutar. Toma el péndulo. Lo puedes colocar encima de la carta o en cualquier otro lugar, haz un movimiento para que comience a girar mientras dices en voz alta o mentalmente la siguiente frase:

"Yo Superior transmuten las memorias y todo lo que hay en mi Ser, que esté limitando mi llave espiritual de ... en la Energía Crística de mi alma y activen mi ADN Crístico original. Gracias, así es".

Una vez que el péndulo dejó de girar, tu Yo Superior te está indicando que ya trasmutó todas las memorias limitantes.

Día 4

Fecha: ....

Autosesión de Freedom Healing

Preparación para trabajar. Activación de la Energía Crística (meditación) y elección de 3 llaves espirituales.
Llave espiritual 1: ....
Llave espiritual 2: ....
Llave espiritual 3: ....

Primer paso. Investigación de la llave espiritual 1

Llave espiritual elegida (leer significado): ....
¿Cuándo se limitó esa llave espiritual?: ....
¿Quién era yo en esa experiencia de vida?: ....

¿Quiénes están involucrados en esa experiencia de vida?
Personaje 1: ....
Personaje 2: ....
Personaje 3: ....

¿Qué memorias quedaron en esa experiencia de vida?
Memoria 1: ....
Memoria 2: ....
Memoria 3: ....

Transmutar. Toma el péndulo. Lo puedes colocar encima de la carta o en cualquier otro lugar, haz un movimiento para que comience a girar mientras dices en voz alta o mentalmente la siguiente frase:

"Yo Superior transmuten las memorias de … y todo lo que hay en mi Ser, que esté limitando mi llave espiritual de … en la Energía Crística de mi alma y activen mi ADN Crístico original. Gracias, así es".

Una vez que el péndulo dejó de girar, tu Yo Superior te está indicando que ya transmutó todas las memorias limitantes.

¿Qué tenía que aprender de esa experiencia de vida? *(leer aprendizaje)*: …………………………

Segundo paso. Investigar la segunda llave espiritual

Llave espiritual elegida (leer significado): …………………………………………………………
¿Cuándo se limitó esa llave espiritual?: …………………………………………………………………
¿Quién era yo en esa experiencia de vida?: ……………………………………………………………

¿Quiénes están involucrados en esa experiencia de vida?
Personaje 1: ………………………………………………………………………………………………
Personaje 2: ………………………………………………………………………………………………
Personaje 3: ………………………………………………………………………………………………

¿Qué memorias quedaron en esa experiencia de vida?
Memoria 1: …………………………………………………………………………………………………
Memoria 2: …………………………………………………………………………………………………
Memoria 3: …………………………………………………………………………………………………

Transmutar. Toma el péndulo. Lo puedes colocar encima de la carta o en cualquier otro lugar, haz un movimiento para que comience a girar mientras dices en voz alta o mentalmente la siguiente frase:

"Yo Superior transmuten las memorias de … y todo lo que hay en mi Ser, que esté limitando mi llave espiritual de … en la Energía Crística de mi alma y activen mi ADN Crístico original. Gracias, así es".

Una vez que el péndulo dejó de girar, tu Yo Superior te está indicando que ya transmutó todas las memorias limitantes.

¿Qué tenía que aprender de esa experiencia de vida? *(leer aprendizaje)*: ....

Tercer paso. Investigar la llave espiritual restante

Llave espiritual elegida (leer significado): ....
¿Cuándo se limitó esa llave espiritual?: ....
¿Quién era yo en esa experiencia de vida?: ....

¿Quiénes están involucrados en esa experiencia de vida?
Personaje 1: ....
Personaje 2: ....
Personaje 3: ....

¿Qué memorias quedaron en esa experiencia de vida?
Memoria 1: ....
Memoria 2: ....
Memoria 3: ....

Transmutar. Toma el péndulo. Lo puedes colocar encima de la carta o en cualquier otro lugar, haz un movimiento para que comience a girar mientras dices en voz alta o mentalmente la siguiente frase:

"Yo Superior transmuten las memorias de … y todo lo que hay en mi Ser, que esté limitando mi llave espiritual de … en la Energía Crística de mi alma y activen mi ADN Crístico original. Gracias, así es".

Una vez que el péndulo dejó de girar, tu Yo Superior te está indicando que ya transmutó todas las memorias limitantes.

¿Qué tenía que aprender de esa experiencia de vida? *(leer aprendizaje)*: ………………………

Cierre: Realiza una meditación disponible en el sitio web: www.freedomhealing.org

Día 5

Fecha: ....

Autosesión de Freedom Healing

Preparación para trabajar. Activación de la Energía Crística (meditación) y elección de 3 llaves espirituales.

Llave espiritual 1: ....

Llave espiritual 2: ....

Llave espiritual 3: ....

Primer paso. Investigación de la llave espiritual 1

Llave espiritual elegida (leer significado): ....

¿Cuándo se limitó esa llave espiritual?: ....

¿Quién era yo en esa experiencia de vida?: ....

¿Quiénes están involucrados en esa experiencia de vida?

Personaje 1: ....

Personaje 2: ....

Personaje 3: ....

¿Qué memorias quedaron en esa experiencia de vida?

Memoria 1: ....

Memoria 2: ....

Memoria 3: ....

Transmutar. Toma el péndulo. Lo puedes colocar encima de la carta o en cualquier otro lugar, haz un movimiento para que comience a girar mientras dices en voz alta o mentalmente la siguiente frase:

"Yo Superior transmuten las memorias de … y todo lo que hay en mi Ser, que esté limitando mi llave espiritual de … en la Energía Crística de mi alma y activen mi ADN Crístico original. Gracias, así es".

Una vez que el péndulo dejó de girar, tu Yo Superior te está indicando que ya transmutó todas las memorias limitantes.

¿Qué tenía que aprender de esa experiencia de vida? (*leer aprendizaje*): ....

Segundo paso. Investigar la segunda llave espiritual

Llave espiritual elegida (leer significado): ....
¿Cuándo se limitó esa llave espiritual?: ....
¿Quién era yo en esa experiencia de vida?: ....

¿Quiénes están involucrados en esa experiencia de vida?
Personaje 1: ....
Personaje 2: ....
Personaje 3: ....

¿Qué memorias quedaron en esa experiencia de vida?
Memoria 1: ....
Memoria 2: ....
Memoria 3: ....

Transmutar. Toma el péndulo. Lo puedes colocar encima de la carta o en cualquier otro lugar, haz un movimiento para que comience a girar mientras dices en voz alta o mentalmente la siguiente frase:

"Yo Superior transmuten las memorias de … y todo lo que hay en mi Ser, que esté limitando mi llave espiritual de … en la Energía Crística de mi alma y activen mi ADN Crístico original. Gracias, así es".

Una vez que el péndulo dejó de girar, tu Yo Superior te está indicando que ya transmutó todas las memorias limitantes.

¿Qué tenía que aprender de esa experiencia de vida? *(leer aprendizaje)*: ....

Tercer paso. Investigar la llave espiritual restante

Llave espiritual elegida (leer significado): ....
¿Cuándo se limitó esa llave espiritual?: ....
¿Quién era yo en esa experiencia de vida?: ....

¿Quiénes están involucrados en esa experiencia de vida?
Personaje 1: ....
Personaje 2: ....
Personaje 3: ....

¿Qué memorias quedaron en esa experiencia de vida?
Memoria 1: ....
Memoria 2: ....
Memoria 3: ....

Transmutar. Toma el péndulo. Lo puedes colocar encima de la carta o en cualquier otro lugar, haz un movimiento para que comience a girar mientras dices en voz alta o mentalmente la siguiente frase:

"Yo Superior transmuten las memorias de … y todo lo que hay en mi Ser, que esté limitando mi llave espiritual de … en la Energía Crística de mi alma y activen mi ADN Crístico original. Gracias, así es".

Una vez que el péndulo dejó de girar, tu Yo Superior te está indicando que ya transmutó todas las memorias limitantes.

¿Qué tenía que aprender de esa experiencia de vida? (*leer aprendizaje*): ....

Cierre: Realiza una meditación disponible en el sitio web: www.freedomhealing.org

Día 6

Fecha: ....

Desbloqueo de tema específico

1) Tema o persona con la que quieres trabajar una llave espiritual:
....

2) Elige una llave espiritual de tu mazo de cartas, mientras realizas la siguiente pregunta: ¿Qué llave espiritual tengo que activar entre (punto 1)..y yo? Lee el significado.

3) Transmutar. Toma el péndulo. Lo puedes colocar encima de la carta o en cualquier otro lugar, haz un movimiento para que comience a girar mientras dices en voz alta o mentalmente la siguiente frase:

"Yo Superior transmuten todas las memorias y todo lo que hay en mi Ser, que esté limitando mi llave espiritual de ... entre ... y yo, en la Energía Crística de mi alma y activen mi ADN Crístico original. Gracias, así es".

Una vez que el péndulo dejó de girar, tu Yo Superior te está indicando que ya transmutó todas las memorias limitantes.

Día 7

Fecha: ....

Activación de Freedom Healing

Activa la Energía Crística de tu alma, elige 3 llaves espirituales, lee su significado y luego pide transmutar las memorias que las están limitando. Una por una.

Llave espiritual 1: ....
Llave espiritual 2: ....
Llave espiritual 3:...

Transmutar. Toma el péndulo. Lo puedes colocar encima de la carta o en cualquier otro lugar, haz un movimiento para que comience a girar mientras dices en voz alta o mentalmente la siguiente frase:

"Yo Superior transmuten las memorias y todo lo que hay en mi Ser, que esté limitando mi llave espiritual de ... en la Energía Crística de mi alma y activen mi ADN Crístico original. Gracias, así es".

Una vez que el péndulo dejó de girar, tu Yo Superior te está indicando que ya trasmutó todas las memorias limitantes.

Día 8

Fecha: ....

Autosesión de Freedom Healing

Preparación para trabajar. Activación de la Energía Crística (meditación) y elección de 3 llaves espirituales.

Llave espiritual 1: ....

Llave espiritual 2: ....

Llave espiritual 3: ....

Primer paso. Investigación de la llave espiritual 1

Llave espiritual elegida (leer significado): ....

¿Cuándo se limitó esa llave espiritual?: ....

¿Quién era yo en esa experiencia de vida?: ....

¿Quiénes están involucrados en esa experiencia de vida?

Personaje 1: ....

Personaje 2: ....

Personaje 3: ....

¿Qué memorias quedaron en esa experiencia de vida?

Memoria 1: ....

Memoria 2: ....

Memoria 3: ....

Transmutar. Toma el péndulo. Lo puedes colocar encima de la carta o en cualquier otro lugar, haz un movimiento para que comience a girar mientras dices en voz alta o mentalmente la siguiente frase:

"Yo Superior transmuten las memorias de … y todo lo que hay en mi Ser, que esté limitando mi llave espiritual de … en la Energía Crística de mi alma y activen mi ADN Crístico original. Gracias, así es".

Una vez que el péndulo dejó de girar, tu Yo Superior te está indicando que ya transmutó todas las memorias limitantes.

¿Qué tenía que aprender de esa experiencia de vida? (*leer aprendizaje*): ………………………

Segundo paso. Investigar la segunda llave espiritual

Llave espiritual elegida (leer significado): …………………………………………………………
¿Cuándo se limitó esa llave espiritual?: ………………………………………………………………
¿Quién era yo en esa experiencia de vida?: …………………………………………………………

¿Quiénes están involucrados en esa experiencia de vida?
Personaje 1: …………………………………………………………………………………………………
Personaje 2: …………………………………………………………………………………………………
Personaje 3: …………………………………………………………………………………………………

¿Qué memorias quedaron en esa experiencia de vida?
Memoria 1: ……………………………………………………………………………………………………
Memoria 2: ……………………………………………………………………………………………………
Memoria 3: ……………………………………………………………………………………………………

Transmutar. Toma el péndulo. Lo puedes colocar encima de la carta o en cualquier otro lugar, haz un movimiento para que comience a girar mientras dices en voz alta o mentalmente la siguiente frase:

"Yo Superior transmuten las memorias de ... y todo lo que hay en mi Ser, que esté limitando mi llave espiritual de ... en la Energía Crística de mi alma y activen mi ADN Crístico original. Gracias, así es".

Una vez que el péndulo dejó de girar, tu Yo Superior te está indicando que ya transmutó todas las memorias limitantes.

¿Qué tenía que aprender de esa experiencia de vida? (*leer aprendizaje*): ....

Tercer paso. Investigar la llave espiritual restante

Llave espiritual elegida (leer significado): ....
¿Cuándo se limitó esa llave espiritual?: ....
¿Quién era yo en esa experiencia de vida?: ....

¿Quiénes están involucrados en esa experiencia de vida?
Personaje 1: ....
Personaje 2: ....
Personaje 3: ....

¿Qué memorias quedaron en esa experiencia de vida?
Memoria 1: ....
Memoria 2: ....
Memoria 3: ....

Transmutar. Toma el péndulo. Lo puedes colocar encima de la carta o en cualquier otro lugar, haz un movimiento para que comience a girar mientras dices en voz alta o mentalmente la siguiente frase:

"Yo Superior transmuten las memorias de … y todo lo que hay en mi Ser, que esté limitando mi llave espiritual de … en la Energía Crística de mi alma y activen mi ADN Crístico original. Gracias, así es".

Una vez que el péndulo dejó de girar, tu Yo Superior te está indicando que ya transmutó todas las memorias limitantes.

¿Qué tenía que aprender de esa experiencia de vida? (*leer aprendizaje*): ....

Cierre: Realiza una meditación disponible en el sitio web: www.freedomhealing.org

Día 9

Autosesión de Freedom Healing

Preparación para trabajar. Activación de la Energía Crística (meditación) y elección de 3 llaves espirituales.
Llave espiritual 1: ....
Llave espiritual 2: ....
Llave espiritual 3:...

Primer paso. Investigación de la llave espiritual 1

Llave espiritual elegida (leer significado): ....
¿Cuándo se limitó esa llave espiritual?:..
¿Quién era yo en esa experiencia de vida?:..

¿Quiénes están involucrados en esa experiencia de vida?
Personaje 1: ....
Personaje 2: ....
Personaje 3: ....

¿Qué memorias quedaron en esa experiencia de vida?
Memoria 1: ....
Memoria 2: ....
Memoria 3: ....

Transmutar. Toma el péndulo. Lo puedes colocar encima de la carta o en cualquier otro lugar, haz un movimiento para que comience a girar mientras dices en voz alta o mentalmente la siguiente frase:

"Yo Superior transmuten las memorias de … y todo lo que hay en mi Ser, que esté limitando mi llave espiritual de … en la Energía Crística de mi alma y activen mi ADN Crístico original. Gracias, así es".

Una vez que el péndulo dejó de girar, tu Yo Superior te está indicando que ya transmutó todas las memorias limitantes.

¿Qué tenía que aprender de esa experiencia de vida? *(leer aprendizaje):* ....

Segundo paso. Investigar la segunda llave espiritual

Llave espiritual elegida (leer significado): ....
¿Cuándo se limitó esa llave espiritual?: ....
¿Quién era yo en esa experiencia de vida?: ....

¿Quiénes están involucrados en esa experiencia de vida?
Personaje 1: ....
Personaje 2: ....
Personaje 3: ....

¿Qué memorias quedaron en esa experiencia de vida?
Memoria 1: ....
Memoria 2: ....
Memoria 3: ....

Transmutar. Toma el péndulo. Lo puedes colocar encima de la carta o en cualquier otro lugar, haz un movimiento para que comience a girar mientras dices en voz alta o mentalmente la siguiente frase:

"Yo Superior transmuten las memorias de … y todo lo que hay en mi Ser, que esté limitando mi llave espiritual de … en la Energía Crística de mi alma y activen mi ADN Crístico original.
Gracias, así es".

Una vez que el péndulo dejó de girar, tu Yo Superior te está indicando que ya transmutó todas las memorias limitantes.

¿Qué tenía que aprender de esa experiencia de vida? (*leer aprendizaje*): ....

Tercer paso. Investigar la llave espiritual restante

Llave espiritual elegida (leer significado): ....
¿Cuándo se limitó esa llave espiritual?: ....
¿Quién era yo en esa experiencia de vida?: ....

¿Quiénes están involucrados en esa experiencia de vida?
Personaje 1: ....
Personaje 2: ....
Personaje 3: ....

¿Qué memorias quedaron en esa experiencia de vida?
Memoria 1: ....
Memoria 2: ....
Memoria 3: ....

Transmutar. Toma el péndulo. Lo puedes colocar encima de la carta o en cualquier otro lugar, haz un movimiento para que comience a girar mientras dices en voz alta o mentalmente la siguiente frase:

"Yo Superior transmuten las memorias de … y todo lo que hay en mi Ser, que esté limitando mi llave espiritual de … en la Energía Crística de mi alma y activen mi ADN Crístico original. Gracias, así es".

Una vez que el péndulo dejó de girar, tu Yo Superior te está indicando que ya transmutó todas las memorias limitantes.

¿Qué tenía que aprender de esa experiencia de vida? *(leer aprendizaje):* ....

Cierre: Realiza una meditación disponible en el sitio web: www.freedomhealing.org

Día 10

Fecha: ....

Desbloqueo de tema específico

1) Tema o persona con la que quieres trabajar una llave espiritual:
....

2) Elige una llave espiritual de tu mazo de cartas, mientras realizas la siguiente pregunta: ¿Qué llave espiritual tengo que activar entre (punto 1)….....................................y yo? Lee el significado.

3) Transmutar. Toma el péndulo. Lo puedes colocar encima de la carta o en cualquier otro lugar, haz un movimiento para que comience a girar mientras dices en voz alta o mentalmente la siguiente frase:

"Yo Superior transmuten todas las memorias y todo lo que hay en mi Ser, que esté limitando mi llave espiritual de … entre … y yo, en la Energía Crística de mi alma y activen mi ADN Crístico original. Gracias, así es".

Una vez que el péndulo dejó de girar, tu Yo Superior te está indicando que ya transmutó todas las memorias limitantes.

Día 11

Fecha: ....

Activación de Freedom Healing

Activa la Energía Crística de tu alma, elige 3 llaves espirituales, lee su significado y luego pide transmutar las memorias que las están limitando. Una por una.

Llave espiritual 1: ....
Llave espiritual 2: ....
Llave espiritual 3:...

Transmutar. Toma el péndulo. Lo puedes colocar encima de la carta o en cualquier otro lugar, haz un movimiento para que comience a girar mientras dices en voz alta o mentalmente la siguiente frase:

"Yo Superior transmuten las memorias y todo lo que hay en mi Ser, que esté limitando mi llave espiritual de ... en la Energía Crística de mi alma y activen mi ADN Crístico original. Gracias, así es".

Una vez que el péndulo dejó de girar, tu Yo Superior te está indicando que ya trasmutó todas las memorias limitantes.

Día 12

Fecha: ....

Autosesión de Freedom Healing

Preparación para trabajar. Activación de la Energía Crística (meditación) y elección de 3 llaves espirituales.

Llave espiritual 1: ....

Llave espiritual 2: ....

Llave espiritual 3: ....

Primer paso. Investigación de la llave espiritual 1

Llave espiritual elegida (leer significado): ....

¿Cuándo se limitó esa llave espiritual?: ....

¿Quién era yo en esa experiencia de vida?: ....

¿Quiénes están involucrados en esa experiencia de vida?

Personaje 1: ....

Personaje 2: ....

Personaje 3: ....

¿Qué memorias quedaron en esa experiencia de vida?

Memoria 1: ....

Memoria 2: ....

Memoria 3: ....

Transmutar. Toma el péndulo. Lo puedes colocar encima de la carta o en cualquier otro lugar, haz un movimiento para que comience a girar mientras dices en voz alta o mentalmente la siguiente frase:

"Yo Superior transmuten las memorias de … y todo lo que hay en mi Ser, que esté limitando mi llave espiritual de … en la Energía Crística de mi alma y activen mi ADN Crístico original. Gracias, así es".

Una vez que el péndulo dejó de girar, tu Yo Superior te está indicando que ya transmutó todas las memorias limitantes.

¿Qué tenía que aprender de esa experiencia de vida? *(leer aprendizaje):* ....

Segundo paso. Investigar la segunda llave espiritual

Llave espiritual elegida (leer significado): ....
¿Cuándo se limitó esa llave espiritual?: ....
¿Quién era yo en esa experiencia de vida?: ....

¿Quiénes están involucrados en esa experiencia de vida?
Personaje 1: ....
Personaje 2: ....
Personaje 3: ....

¿Qué memorias quedaron en esa experiencia de vida?
Memoria 1: ....
Memoria 2: ....
Memoria 3: ....

Transmutar. Toma el péndulo. Lo puedes colocar encima de la carta o en cualquier otro lugar, haz un movimiento para que comience a girar mientras dices en voz alta o mentalmente la siguiente frase:

"Yo Superior transmuten las memorias de … y todo lo que hay en mi Ser, que esté limitando mi llave espiritual de … en la Energía Crística de mi alma y activen mi ADN Crístico original. Gracias, así es".

Una vez que el péndulo dejó de girar, tu Yo Superior te está indicando que ya transmutó todas las memorias limitantes.

¿Qué tenía que aprender de esa experiencia de vida? *(leer aprendizaje)*: ....

Tercer paso. Investigar la llave espiritual restante

Llave espiritual elegida (leer significado): ....
¿Cuándo se limitó esa llave espiritual?: ....
¿Quién era yo en esa experiencia de vida?: ....

¿Quiénes están involucrados en esa experiencia de vida?
Personaje 1: ....
Personaje 2: ....
Personaje 3: ....

¿Qué memorias quedaron en esa experiencia de vida?
Memoria 1: ....
Memoria 2: ....
Memoria 3: ....

Transmutar. Toma el péndulo. Lo puedes colocar encima de la carta o en cualquier otro lugar, haz un movimiento para que comience a girar mientras dices en voz alta o mentalmente la siguiente frase:

"Yo Superior transmuten las memorias de … y todo lo que hay en mi Ser, que esté limitando mi llave espiritual de … en la Energía Crística de mi alma y activen mi ADN Crístico original. Gracias, así es".

Una vez que el péndulo dejó de girar, tu Yo Superior te está indicando que ya transmutó todas las memorias limitantes.

¿Qué tenía que aprender de esa experiencia de vida? (*leer aprendizaje*): ………………………

Cierre: Realiza una meditación disponible en el sitio web: www.freedomhealing.org

Día 13

Fecha: ....

Autosesión de Freedom Healing

Preparación para trabajar. Activación de la Energía Crística (meditación) y elección de 3 llaves espirituales.
Llave espiritual 1: ....
Llave espiritual 2: ....
Llave espiritual 3: ....

Primer paso. Investigación de la llave espiritual 1

Llave espiritual elegida (leer significado): ....
¿Cuándo se limitó esa llave espiritual?: ....
¿Quién era yo en esa experiencia de vida?: ....

¿Quiénes están involucrados en esa experiencia de vida?
Personaje 1: ....
Personaje 2: ....
Personaje 3: ....

¿Qué memorias quedaron en esa experiencia de vida?
Memoria 1: ....
Memoria 2: ....
Memoria 3: ....

Transmutar. Toma el péndulo. Lo puedes colocar encima de la carta o en cualquier otro lugar, haz un movimiento para que comience a girar mientras dices en voz alta o mentalmente la siguiente frase:

"Yo Superior transmuten las memorias de … y todo lo que hay en mi Ser, que esté limitando mi llave espiritual de … en la Energía Crística de mi alma y activen mi ADN Crístico original. Gracias, así es".

Una vez que el péndulo dejó de girar, tu Yo Superior te está indicando que ya transmutó todas las memorias limitantes.

¿Qué tenía que aprender de esa experiencia de vida? *(leer aprendizaje):* ....

Segundo paso. Investigar la segunda llave espiritual

Llave espiritual elegida (leer significado): ....
¿Cuándo se limitó esa llave espiritual?: ....
¿Quién era yo en esa experiencia de vida?: ....

¿Quiénes están involucrados en esa experiencia de vida?
Personaje 1: ....
Personaje 2: ....
Personaje 3: ....

¿Qué memorias quedaron en esa experiencia de vida?
Memoria 1: ....
Memoria 2: ....
Memoria 3: ....

Transmutar. Toma el péndulo. Lo puedes colocar encima de la carta o en cualquier otro lugar, haz un movimiento para que comience a girar mientras dices en voz alta o mentalmente la siguiente frase:

"Yo Superior transmuten las memorias de ... y todo lo que hay en mi Ser, que esté limitando mi llave espiritual de ... en la Energía Crística de mi alma y activen mi ADN Crístico original. Gracias, así es".

Una vez que el péndulo dejó de girar, tu Yo Superior te está indicando que ya transmutó todas las memorias limitantes.

¿Qué tenía que aprender de esa experiencia de vida? *(leer aprendizaje)*: ....

Tercer paso. Investigar la llave espiritual restante

Llave espiritual elegida (leer significado): ....
¿Cuándo se limitó esa llave espiritual?: ....
¿Quién era yo en esa experiencia de vida?: ....

¿Quiénes están involucrados en esa experiencia de vida?
Personaje 1: ....
Personaje 2: ....
Personaje 3: ....

¿Qué memorias quedaron en esa experiencia de vida?
Memoria 1: ....
Memoria 2: ....
Memoria 3: ....

Transmutar. Toma el péndulo. Lo puedes colocar encima de la carta o en cualquier otro lugar, haz un movimiento para que comience a girar mientras dices en voz alta o mentalmente la siguiente frase:

"Yo Superior transmuten las memorias de ... y todo lo que hay en mi Ser, que esté limitando mi llave espiritual de ... en la Energía Crística de mi alma y activen mi ADN Crístico original. Gracias, así es".

Una vez que el péndulo dejó de girar, tu Yo Superior te está indicando que ya transmutó todas las memorias limitantes.

¿Qué tenía que aprender de esa experiencia de vida? (*leer aprendizaje*): ....

Cierre: Realiza una meditación disponible en el sitio web: www.freedomhealing.org

Día 14

Fecha: ....

Activación de Freedom Healing

Activa la Energía Crística de tu alma, elige 3 llaves espirituales, lee su significado y luego pide transmutar las memorias que las están limitando. Una por una.

Llave espiritual 1: ....
Llave espiritual 2: ....
Llave espiritual 3: ....

Transmutar. Toma el péndulo. Lo puedes colocar encima de la carta o en cualquier otro lugar, haz un movimiento para que comience a girar mientras dices en voz alta o mentalmente la siguiente frase:

"Yo Superior transmuten las memorias y todo lo que hay en mi Ser, que esté limitando mi llave espiritual de … en la Energía Crística de mi alma y activen mi ADN Crístico original. Gracias, así es".

Una vez que el péndulo dejó de girar, tu Yo Superior te está indicando que ya trasmutó todas las memorias limitantes.

Día 15

Fecha: ....

Autosesión de Freedom Healing

Preparación para trabajar. Activación de la Energía Crística (meditación) y elección de 3 llaves espirituales.
Llave espiritual 1: ....
Llave espiritual 2: ....
Llave espiritual 3: ....

Primer paso. Investigación de la llave espiritual 1

Llave espiritual elegida (leer significado): ....
¿Cuándo se limitó esa llave espiritual?: ....
¿Quién era yo en esa experiencia de vida?: ....

¿Quiénes están involucrados en esa experiencia de vida?
Personaje 1: ....
Personaje 2: ....
Personaje 3: ....

¿Qué memorias quedaron en esa experiencia de vida?
Memoria 1: ....
Memoria 2: ....
Memoria 3: ....

Transmutar. Toma el péndulo. Lo puedes colocar encima de la carta o en cualquier otro lugar, haz un movimiento para que comience a girar mientras dices en voz alta o mentalmente la siguiente frase:

"Yo Superior transmuten las memorias de … y todo lo que hay en mi Ser, que esté limitando mi llave espiritual de … en la Energía Crística de mi alma y activen mi ADN Crístico original. Gracias, así es".

Una vez que el péndulo dejó de girar, tu Yo Superior te está indicando que ya transmutó todas las memorias limitantes.

¿Qué tenía que aprender de esa experiencia de vida? (*leer aprendizaje*): ……………………………

Segundo paso. Investigar la segunda llave espiritual

Llave espiritual elegida (leer significado): ……………………………………………………………
¿Cuándo se limitó esa llave espiritual?: ……………………………………………………………
¿Quién era yo en esa experiencia de vida?: ……………………………………………………..

¿Quiénes están involucrados en esa experiencia de vida?
Personaje 1: ……………………………………………………………………………………
Personaje 2: ……………………………………………………………………………………
Personaje 3: ……………………………………………………………………………………

¿Qué memorias quedaron en esa experiencia de vida?
Memoria 1: ……………………………………………………………………………………
Memoria 2: ……………………………………………………………………………………
Memoria 3: ……………………………………………………………………………………

Transmutar. Toma el péndulo. Lo puedes colocar encima de la carta o en cualquier otro lugar, haz un movimiento para que comience a girar mientras dices en voz alta o mentalmente la siguiente frase:

"Yo Superior transmuten las memorias de … y todo lo que hay en mi Ser, que esté limitando mi llave espiritual de … en la Energía Crística de mi alma y activen mi ADN Crístico original. Gracias, así es".

Una vez que el péndulo dejó de girar, tu Yo Superior te está indicando que ya transmutó todas las memorias limitantes.

¿Qué tenía que aprender de esa experiencia de vida? *(leer aprendizaje)*:...........................

Tercer paso. Investigar la llave espiritual restante

Llave espiritual elegida (leer significado):...
¿Cuándo se limitó esa llave espiritual?:..
¿Quién era yo en esa experiencia de vida?:...

¿Quiénes están involucrados en esa experiencia de vida?
Personaje 1:...
Personaje 2:...
Personaje 3:...

¿Qué memorias quedaron en esa experiencia de vida?
Memoria 1:...
Memoria 2:...
Memoria 3:...

Transmutar. Toma el péndulo. Lo puedes colocar encima de la carta o en cualquier otro lugar, haz un movimiento para que comience a girar mientras dices en voz alta o mentalmente la siguiente frase:

"Yo Superior transmuten las memorias de … y todo lo que hay en mi Ser, que esté limitando mi llave espiritual de … en la Energía Crística de mi alma y activen mi ADN Crístico original. Gracias, así es".

Una vez que el péndulo dejó de girar, tu Yo Superior te está indicando que ya transmutó todas las memorias limitantes.

¿Qué tenía que aprender de esa experiencia de vida? (*leer aprendizaje*):……………………….

Cierre: Realiza una meditación disponible en el sitio web: www.freedomhealing.org

Día 16

Fecha: ....

Autosesión de Freedom Healing

Preparación para trabajar. Activación de la Energía Crística (meditación) y elección de 3 llaves espirituales.
Llave espiritual 1: ....
Llave espiritual 2: ....
Llave espiritual 3: ....

Primer paso. Investigación de la llave espiritual 1

Llave espiritual elegida (leer significado): ....
¿Cuándo se limitó esa llave espiritual?: ....
¿Quién era yo en esa experiencia de vida?: ....

¿Quiénes están involucrados en esa experiencia de vida?
Personaje 1: ....
Personaje 2: ....
Personaje 3: ....

¿Qué memorias quedaron en esa experiencia de vida?
Memoria 1: ....
Memoria 2: ....
Memoria 3: ....

Transmutar. Toma el péndulo. Lo puedes colocar encima de la carta o en cualquier otro lugar, haz un movimiento para que comience a girar mientras dices en voz alta o mentalmente la siguiente frase:

"Yo Superior transmuten las memorias de … y todo lo que hay en mi Ser, que esté limitando mi llave espiritual de … en la Energía Crística de mi alma y activen mi ADN Crístico original. Gracias, así es".

Una vez que el péndulo dejó de girar, tu Yo Superior te está indicando que ya transmutó todas las memorias limitantes.

¿Qué tenía que aprender de esa experiencia de vida? (*leer aprendizaje*): ....

Segundo paso. Investigar la segunda llave espiritual

Llave espiritual elegida (leer significado): ....
¿Cuándo se limitó esa llave espiritual?: ....
¿Quién era yo en esa experiencia de vida?: ....

¿Quiénes están involucrados en esa experiencia de vida?
Personaje 1: ....
Personaje 2: ....
Personaje 3: ....

¿Qué memorias quedaron en esa experiencia de vida?
Memoria 1: ....
Memoria 2: ....
Memoria 3: ....

Transmutar. Toma el péndulo. Lo puedes colocar encima de la carta o en cualquier otro lugar, haz un movimiento para que comience a girar mientras dices en voz alta o mentalmente la siguiente frase:

"Yo Superior transmuten las memorias de … y todo lo que hay en mi Ser, que esté limitando mi llave espiritual de … en la Energía Crística de mi alma y activen mi ADN Crístico original. Gracias, así es".

Una vez que el péndulo dejó de girar, tu Yo Superior te está indicando que ya transmutó todas las memorias limitantes.

¿Qué tenía que aprender de esa experiencia de vida? (*leer aprendizaje*): ....

Tercer paso. Investigar la llave espiritual restante

Llave espiritual elegida (leer significado): ....
¿Cuándo se limitó esa llave espiritual?: ....
¿Quién era yo en esa experiencia de vida?: ....

¿Quiénes están involucrados en esa experiencia de vida?
Personaje 1: ....
Personaje 2: ....
Personaje 3: ....

¿Qué memorias quedaron en esa experiencia de vida?
Memoria 1: ....
Memoria 2: ....
Memoria 3: ....

Transmutar. Toma el péndulo. Lo puedes colocar encima de la carta o en cualquier otro lugar, haz un movimiento para que comience a girar mientras dices en voz alta o mentalmente la siguiente frase:

"Yo Superior transmuten las memorias de ... y todo lo que hay en mi Ser, que esté limitando mi llave espiritual de ... en la Energía Crística de mi alma y activen mi ADN Crístico original. Gracias, así es".

Una vez que el péndulo dejó de girar, tu Yo Superior te está indicando que ya transmutó todas las memorias limitantes.

¿Qué tenía que aprender de esa experiencia de vida? (*leer aprendizaje*): ....

Cierre: Realiza una meditación disponible en el sitio web: www.freedomhealing.org

Día 17

Fecha: ....

Activación de Freedom Healing

Activa la Energía Crística de tu alma, elige 3 llaves espirituales, lee su significado y luego pide transmutar las memorias que las están limitando. Una por una.

Llave espiritual 1: ....
Llave espiritual 2: ....
Llave espiritual 3: ....

Transmutar. Toma el péndulo. Lo puedes colocar encima de la carta o en cualquier otro lugar, haz un movimiento para que comience a girar mientras dices en voz alta o mentalmente la siguiente frase:

"Yo Superior transmuten las memorias y todo lo que hay en mi Ser, que esté limitando mi llave espiritual de … en la Energía Crística de mi alma y activen mi ADN Crístico original. Gracias, así es".

Una vez que el péndulo dejó de girar, tu Yo Superior te está indicando que ya trasmutó todas las memorias limitantes.

Día 18

Fecha: ....

Autosesión de Freedom Healing

Preparación para trabajar. Activación de la Energía Crística (meditación) y elección de 3 llaves espirituales.
Llave espiritual 1: ....
Llave espiritual 2: ....
Llave espiritual 3:...

Primer paso. Investigación de la llave espiritual 1

Llave espiritual elegida (leer significado): ....
¿Cuándo se limitó esa llave espiritual?:..
¿Quién era yo en esa experiencia de vida?:...

¿Quiénes están involucrados en esa experiencia de vida?
Personaje 1: ....
Personaje 2: ....
Personaje 3: ....

¿Qué memorias quedaron en esa experiencia de vida?
Memoria 1:..
Memoria 2:..
Memoria 3:..

Transmutar. Toma el péndulo. Lo puedes colocar encima de la carta o en cualquier otro lugar, haz un movimiento para que comience a girar mientras dices en voz alta o mentalmente la siguiente frase:

"Yo Superior transmuten las memorias de … y todo lo que hay en mi Ser, que esté limitando mi llave espiritual de … en la Energía Crística de mi alma y activen mi ADN Crístico original. Gracias, así es".

Una vez que el péndulo dejó de girar, tu Yo Superior te está indicando que ya transmutó todas las memorias limitantes.

¿Qué tenía que aprender de esa experiencia de vida? (*leer aprendizaje*): ....

Segundo paso. Investigar la segunda llave espiritual

Llave espiritual elegida (leer significado): ....
¿Cuándo se limitó esa llave espiritual?: ....
¿Quién era yo en esa experiencia de vida?: ....

¿Quiénes están involucrados en esa experiencia de vida?
Personaje 1: ....
Personaje 2: ....
Personaje 3: ....

¿Qué memorias quedaron en esa experiencia de vida?
Memoria 1: ....
Memoria 2: ....
Memoria 3: ....

Transmutar. Toma el péndulo. Lo puedes colocar encima de la carta o en cualquier otro lugar, haz un movimiento para que comience a girar mientras dices en voz alta o mentalmente la siguiente frase:

"Yo Superior transmuten las memorias de … y todo lo que hay en mi Ser, que esté limitando mi llave espiritual de … en la Energía Crística de mi alma y activen mi ADN Crístico original. Gracias, así es".

Una vez que el péndulo dejó de girar, tu Yo Superior te está indicando que ya transmutó todas las memorias limitantes.

¿Qué tenía que aprender de esa experiencia de vida? (*leer aprendizaje*): ....

Tercer paso. Investigar la llave espiritual restante

Llave espiritual elegida (leer significado): ....
¿Cuándo se limitó esa llave espiritual?: ....
¿Quién era yo en esa experiencia de vida?: ....

¿Quiénes están involucrados en esa experiencia de vida?
Personaje 1: ....
Personaje 2: ....
Personaje 3: ....

¿Qué memorias quedaron en esa experiencia de vida?
Memoria 1: ....
Memoria 2: ....
Memoria 3: ....

Transmutar. Toma el péndulo. Lo puedes colocar encima de la carta o en cualquier otro lugar, haz un movimiento para que comience a girar mientras dices en voz alta o mentalmente la siguiente frase:

"Yo Superior transmuten las memorias de … y todo lo que hay en mi Ser, que esté limitando mi llave espiritual de … en la Energía Crística de mi alma y activen mi ADN Crístico original. Gracias, así es".

Una vez que el péndulo dejó de girar, tu Yo Superior te está indicando que ya transmutó todas las memorias limitantes.

¿Qué tenía que aprender de esa experiencia de vida? *(leer aprendizaje):* ....

Cierre: Realiza una meditación disponible en el sitio web: www.freedomhealing.org

Día 19

Desbloqueo de tema específico

1) Tema o persona con la que quieres trabajar una llave espiritual:
....

2) Elige una llave espiritual de tu mazo de cartas, mientras realizas la siguiente pregunta: ¿Qué llave espiritual tengo que activar entre (punto 1)...............................y yo? Lee el significado.

3) Transmutar. Toma el péndulo. Lo puedes colocar encima de la carta o en cualquier otro lugar, haz un movimiento para que comience a girar mientras dices en voz alta o mentalmente la siguiente frase:

"Yo Superior transmuten todas las memorias y todo lo que hay en mi Ser, que esté limitando mi llave espiritual de … entre … y yo, en la Energía Crística de mi alma y activen mi ADN Crístico original. Gracias, así es".

Una vez que el péndulo dejó de girar, tu Yo Superior te está indicando que ya transmutó todas las memorias limitantes.

Día 20

Fecha: ....

Autosesión de Freedom Healing

Preparación para trabajar. Activación de la Energía Crística (meditación) y elección de 3 llaves espirituales.
Llave espiritual 1: ....
Llave espiritual 2: ....
Llave espiritual 3: ....

Primer paso. Investigación de la llave espiritual 1

Llave espiritual elegida (leer significado): ....
¿Cuándo se limitó esa llave espiritual?: ....
¿Quién era yo en esa experiencia de vida?: ....

¿Quiénes están involucrados en esa experiencia de vida?
Personaje 1: ....
Personaje 2: ....
Personaje 3: ....

¿Qué memorias quedaron en esa experiencia de vida?
Memoria 1: ....
Memoria 2: ....
Memoria 3: ....

Transmutar. Toma el péndulo. Lo puedes colocar encima de la carta o en cualquier otro lugar, haz un movimiento para que comience a girar mientras dices en voz alta o mentalmente la siguiente frase:

"Yo Superior transmuten las memorias de … y todo lo que hay en mi Ser, que esté limitando mi llave espiritual de … en la Energía Crística de mi alma y activen mi ADN Crístico original. Gracias, así es".

Una vez que el péndulo dejó de girar, tu Yo Superior te está indicando que ya transmutó todas las memorias limitantes.

¿Qué tenía que aprender de esa experiencia de vida? (*leer aprendizaje*): ....

Segundo paso. Investigar la segunda llave espiritual

Llave espiritual elegida (leer significado): ....
¿Cuándo se limitó esa llave espiritual?: ....
¿Quién era yo en esa experiencia de vida?: ....

¿Quiénes están involucrados en esa experiencia de vida?
Personaje 1: ....
Personaje 2: ....
Personaje 3: ....

¿Qué memorias quedaron en esa experiencia de vida?
Memoria 1: ....
Memoria 2: ....
Memoria 3: ....

Transmutar. Toma el péndulo. Lo puedes colocar encima de la carta o en cualquier otro lugar, haz un movimiento para que comience a girar mientras dices en voz alta o mentalmente la siguiente frase:

"Yo Superior transmuten las memorias de … y todo lo que hay en mi Ser, que esté limitando mi llave espiritual de … en la Energía Crística de mi alma y activen mi ADN Crístico original. Gracias, así es".

Una vez que el péndulo dejó de girar, tu Yo Superior te está indicando que ya transmutó todas las memorias limitantes.

¿Qué tenía que aprender de esa experiencia de vida? *(leer aprendizaje):* ....

Tercer paso. Investigar la llave espiritual restante

Llave espiritual elegida (leer significado): ....
¿Cuándo se limitó esa llave espiritual?: ....
¿Quién era yo en esa experiencia de vida?: ....

¿Quiénes están involucrados en esa experiencia de vida?
Personaje 1: ....
Personaje 2: ....
Personaje 3: ....

¿Qué memorias quedaron en esa experiencia de vida?
Memoria 1: ....
Memoria 2: ....
Memoria 3: ....

Transmutar. Toma el péndulo. Lo puedes colocar encima de la carta o en cualquier otro lugar, haz un movimiento para que comience a girar mientras dices en voz alta o mentalmente la siguiente frase:

"Yo Superior transmuten las memorias de … y todo lo que hay en mi Ser, que esté limitando mi llave espiritual de … en la Energía Crística de mi alma y activen mi ADN Crístico original. Gracias, así es".

Una vez que el péndulo dejó de girar, tu Yo Superior te está indicando que ya transmutó todas las memorias limitantes.

¿Qué tenía que aprender de esa experiencia de vida? (*leer aprendizaje*): ………………………

Cierre: Realiza una meditación disponible en el sitio web: www.freedomhealing.org

Día 21

Fecha: ....

Activación de Freedom Healing

Activa la Energía Crística de tu alma, elige 3 llaves espirituales, lee su significado y luego pide transmutar las memorias que las están limitando. Una por una.

Llave espiritual 1: ....
Llave espiritual 2: ....
Llave espiritual 3:...

Transmutar. Toma el péndulo. Lo puedes colocar encima de la carta o en cualquier otro lugar, haz un movimiento para que comience a girar mientras dices en voz alta o mentalmente la siguiente frase:

"Yo Superior transmuten las memorias y todo lo que hay en mi Ser, que esté limitando mi llave espiritual de … en la Energía Crística de mi alma y activen mi ADN Crístico original. Gracias, así es".

Una vez que el péndulo dejó de girar, tu Yo Superior te está indicando que ya trasmutó todas las memorias limitantes.

Día 22

Fecha: ....

Autosesión de Freedom Healing

Preparación para trabajar. Activación de la Energía Crística (meditación) y elección de 3 llaves espirituales.
Llave espiritual 1: ....
Llave espiritual 2: ....
Llave espiritual 3:...

Primer paso. Investigación de la llave espiritual 1

Llave espiritual elegida (leer significado): ....
¿Cuándo se limitó esa llave espiritual?:..
¿Quién era yo en esa experiencia de vida?:..

¿Quiénes están involucrados en esa experiencia de vida?
Personaje 1:...
Personaje 2:...
Personaje 3:...

¿Qué memorias quedaron en esa experiencia de vida?
Memoria 1:...
Memoria 2:...
Memoria 3:...

Transmutar. Toma el péndulo. Lo puedes colocar encima de la carta o en cualquier otro lugar, haz un movimiento para que comience a girar mientras dices en voz alta o mentalmente la siguiente frase:

"Yo Superior transmuten las memorias de … y todo lo que hay en mi Ser, que esté limitando mi llave espiritual de … en la Energía Crística de mi alma y activen mi ADN Crístico original. Gracias, así es".

Una vez que el péndulo dejó de girar, tu Yo Superior te está indicando que ya transmutó todas las memorias limitantes.

¿Qué tenía que aprender de esa experiencia de vida? (*leer aprendizaje*):..........................

Segundo paso. Investigar la segunda llave espiritual

Llave espiritual elegida (leer significado):...
¿Cuándo se limitó esa llave espiritual?:..
¿Quién era yo en esa experiencia de vida?:...

¿Quiénes están involucrados en esa experiencia de vida?
Personaje 1:...
Personaje 2:...
Personaje 3:...

¿Qué memorias quedaron en esa experiencia de vida?
Memoria 1:..
Memoria 2:..
Memoria 3:..

Transmutar. Toma el péndulo. Lo puedes colocar encima de la carta o en cualquier otro lugar, haz un movimiento para que comience a girar mientras dices en voz alta o mentalmente la siguiente frase:

"Yo Superior transmuten las memorias de … y todo lo que hay en mi Ser, que esté limitando mi llave espiritual de … en la Energía Crística de mi alma y activen mi ADN Crístico original. Gracias, así es".

Una vez que el péndulo dejó de girar, tu Yo Superior te está indicando que ya transmutó todas las memorias limitantes.

¿Qué tenía que aprender de esa experiencia de vida? (*leer aprendizaje*): ....

Tercer paso. Investigar la llave espiritual restante

Llave espiritual elegida (leer significado): ....
¿Cuándo se limitó esa llave espiritual?: ....
¿Quién era yo en esa experiencia de vida?: ....

¿Quiénes están involucrados en esa experiencia de vida?
Personaje 1: ....
Personaje 2: ....
Personaje 3: ....

¿Qué memorias quedaron en esa experiencia de vida?
Memoria 1: ....
Memoria 2: ....
Memoria 3: ....

Transmutar. Toma el péndulo. Lo puedes colocar encima de la carta o en cualquier otro lugar, haz un movimiento para que comience a girar mientras dices en voz alta o mentalmente la siguiente frase:

"Yo Superior transmuten las memorias de … y todo lo que hay en mi Ser, que esté limitando mi llave espiritual de … en la Energía Crística de mi alma y activen mi ADN Crístico original. Gracias, así es".

Una vez que el péndulo dejó de girar, tu Yo Superior te está indicando que ya transmutó todas las memorias limitantes.

¿Qué tenía que aprender de esa experiencia de vida? (*leer aprendizaje*): ……………………………

Cierre: Realiza una meditación disponible en el sitio web: www.freedomhealing.org

Día 23

Fecha: ....

Autosesión de Freedom Healing

Preparación para trabajar. Activación de la Energía Crística (meditación) y elección de 3 llaves espirituales.
Llave espiritual 1: ....
Llave espiritual 2: ....
Llave espiritual 3:...

Primer paso. Investigación de la llave espiritual 1

Llave espiritual elegida (leer significado): ....
¿Cuándo se limitó esa llave espiritual?:...
¿Quién era yo en esa experiencia de vida?:..

¿Quiénes están involucrados en esa experiencia de vida?
Personaje 1:..
Personaje 2:..
Personaje 3:..

¿Qué memorias quedaron en esa experiencia de vida?
Memoria 1:..
Memoria 2:..
Memoria 3:..

Transmutar. Toma el péndulo. Lo puedes colocar encima de la carta o en cualquier otro lugar, haz un movimiento para que comience a girar mientras dices en voz alta o mentalmente la siguiente frase:

"Yo Superior transmuten las memorias de … y todo lo que hay en mi Ser, que esté limitando mi llave espiritual de … en la Energía Crística de mi alma y activen mi ADN Crístico original. Gracias, así es".

Una vez que el péndulo dejó de girar, tu Yo Superior te está indicando que ya transmutó todas las memorias limitantes.

¿Qué tenía que aprender de esa experiencia de vida? *(leer aprendizaje)*: ....

Segundo paso. Investigar la segunda llave espiritual

Llave espiritual elegida (leer significado): ....
¿Cuándo se limitó esa llave espiritual?: ....
¿Quién era yo en esa experiencia de vida?: ....

¿Quiénes están involucrados en esa experiencia de vida?
Personaje 1: ....
Personaje 2: ....
Personaje 3: ....

¿Qué memorias quedaron en esa experiencia de vida?
Memoria 1: ....
Memoria 2: ....
Memoria 3: ....

Transmutar. Toma el péndulo. Lo puedes colocar encima de la carta o en cualquier otro lugar, haz un movimiento para que comience a girar mientras dices en voz alta o mentalmente la siguiente frase:

"Yo Superior transmuten las memorias de … y todo lo que hay en mi Ser, que esté limitando mi llave espiritual de … en la Energía Crística de mi alma y activen mi ADN Crístico original. Gracias, así es".

Una vez que el péndulo dejó de girar, tu Yo Superior te está indicando que ya transmutó todas las memorias limitantes.

¿Qué tenía que aprender de esa experiencia de vida? (*leer aprendizaje*): ....

Tercer paso. Investigar la llave espiritual restante

Llave espiritual elegida (leer significado): ....
¿Cuándo se limitó esa llave espiritual?: ....
¿Quién era yo en esa experiencia de vida?: ....

¿Quiénes están involucrados en esa experiencia de vida?
Personaje 1: ....
Personaje 2: ....
Personaje 3: ....

¿Qué memorias quedaron en esa experiencia de vida?
Memoria 1: ....
Memoria 2: ....
Memoria 3: ....

Transmutar. Toma el péndulo. Lo puedes colocar encima de la carta o en cualquier otro lugar, haz un movimiento para que comience a girar mientras dices en voz alta o mentalmente la siguiente frase:

"Yo Superior transmuten las memorias de … y todo lo que hay en mi Ser, que esté limitando mi llave espiritual de … en la Energía Crística de mi alma y activen mi ADN Crístico original. Gracias, así es".

Una vez que el péndulo dejó de girar, tu Yo Superior te está indicando que ya transmutó todas las memorias limitantes.

¿Qué tenía que aprender de esa experiencia de vida? (*leer aprendizaje*): ……………………………

Cierre: Realiza una meditación disponible en el sitio web: www.freedomhealing.org

Día 24

Fecha: ....

Activación de Freedom Healing

Activa la Energía Crística de tu alma, elige 3 llaves espirituales, lee su significado y luego pide transmutar las memorias que las están limitando. Una por una.

Llave espiritual 1: ....
Llave espiritual 2: ....
Llave espiritual 3:..

Transmutar. Toma el péndulo. Lo puedes colocar encima de la carta o en cualquier otro lugar, haz un movimiento para que comience a girar mientras dices en voz alta o mentalmente la siguiente frase:

"Yo Superior transmuten las memorias y todo lo que hay en mi Ser, que esté limitando mi llave espiritual de ... en la Energía Crística de mi alma y activen mi ADN Crístico original. Gracias, así es".

Una vez que el péndulo dejó de girar, tu Yo Superior te está indicando que ya trasmutó todas las memorias limitantes.

Día 25

Fecha: ....

Autosesión de Freedom Healing

Preparación para trabajar. Activación de la Energía Crística (meditación) y elección de 3 llaves espirituales.
Llave espiritual 1: ....
Llave espiritual 2: ....
Llave espiritual 3:..

Primer paso. Investigación de la llave espiritual 1

Llave espiritual elegida (leer significado): ....
¿Cuándo se limitó esa llave espiritual?:...
¿Quién era yo en esa experiencia de vida?: ....

¿Quiénes están involucrados en esa experiencia de vida?
Personaje 1: ....
Personaje 2: ....
Personaje 3: ....

¿Qué memorias quedaron en esa experiencia de vida?
Memoria 1: ....
Memoria 2: ....
Memoria 3: ....

Transmutar. Toma el péndulo. Lo puedes colocar encima de la carta o en cualquier otro lugar, haz un movimiento para que comience a girar mientras dices en voz alta o mentalmente la siguiente frase:

"Yo Superior transmuten las memorias de … y todo lo que hay en mi Ser, que esté limitando mi llave espiritual de … en la Energía Crística de mi alma y activen mi ADN Crístico original. Gracias, así es".

Una vez que el péndulo dejó de girar, tu Yo Superior te está indicando que ya transmutó todas las memorias limitantes.

¿Qué tenía que aprender de esa experiencia de vida? *(leer aprendizaje)*: ....

Segundo paso. Investigar la segunda llave espiritual

Llave espiritual elegida (leer significado): ....
¿Cuándo se limitó esa llave espiritual?: ....
¿Quién era yo en esa experiencia de vida?: ....

¿Quiénes están involucrados en esa experiencia de vida?
Personaje 1: ....
Personaje 2: ....
Personaje 3: ....

¿Qué memorias quedaron en esa experiencia de vida?
Memoria 1: ....
Memoria 2: ....
Memoria 3: ....

Transmutar. Toma el péndulo. Lo puedes colocar encima de la carta o en cualquier otro lugar, haz un movimiento para que comience a girar mientras dices en voz alta o mentalmente la siguiente frase:

"Yo Superior transmuten las memorias de … y todo lo que hay en mi Ser, que esté limitando mi llave espiritual de … en la Energía Crística de mi alma y activen mi ADN Crístico original. Gracias, así es".

Una vez que el péndulo dejó de girar, tu Yo Superior te está indicando que ya transmutó todas las memorias limitantes.

¿Qué tenía que aprender de esa experiencia de vida? (*leer aprendizaje*): ....

Tercer paso. Investigar la llave espiritual restante

Llave espiritual elegida (leer significado): ....
¿Cuándo se limitó esa llave espiritual?: ....
¿Quién era yo en esa experiencia de vida?: ....

¿Quiénes están involucrados en esa experiencia de vida?
Personaje 1: ....
Personaje 2: ....
Personaje 3: ....

¿Qué memorias quedaron en esa experiencia de vida?
Memoria 1: ....
Memoria 2: ....
Memoria 3: ....

Transmutar. Toma el péndulo. Lo puedes colocar encima de la carta o en cualquier otro lugar, haz un movimiento para que comience a girar mientras dices en voz alta o mentalmente la siguiente frase:

"Yo Superior transmuten las memorias de … y todo lo que hay en mi Ser, que esté limitando mi llave espiritual de … en la Energía Crística de mi alma y activen mi ADN Crístico original. Gracias, así es".

Una vez que el péndulo dejó de girar, tu Yo Superior te está indicando que ya transmutó todas las memorias limitantes.

¿Qué tenía que aprender de esa experiencia de vida? (*leer aprendizaje*): ………………………

Cierre: Realiza una meditación disponible en el sitio web: www.freedomhealing.org

Día 26

Fecha: ……………………………………………………………………………………

Autosesión de Freedom Healing

Preparación para trabajar. Activación de la Energía Crística (meditación) y elección de 3 llaves espirituales.
Llave espiritual 1: ……………………………………………………………………
Llave espiritual 2: ……………………………………………………………………
Llave espiritual 3: ……………………………………………………………………

Primer paso. Investigación de la llave espiritual 1

Llave espiritual elegida (leer significado): ……………………………………………
¿Cuándo se limitó esa llave espiritual?: ………………………………………………
¿Quién era yo en esa experiencia de vida?: ……………………………………………

¿Quiénes están involucrados en esa experiencia de vida?
Personaje 1: ……………………………………………………………………………
Personaje 2: ……………………………………………………………………………
Personaje 3: ……………………………………………………………………………

¿Qué memorias quedaron en esa experiencia de vida?
Memoria 1: ……………………………………………………………………………
Memoria 2: ……………………………………………………………………………
Memoria 3: ……………………………………………………………………………

Transmutar. Toma el péndulo. Lo puedes colocar encima de la carta o en cualquier otro lugar, haz un movimiento para que comience a girar mientras dices en voz alta o mentalmente la siguiente frase:

"Yo Superior transmuten las memorias de … y todo lo que hay en mi Ser, que esté limitando mi llave espiritual de … en la Energía Crística de mi alma y activen mi ADN Crístico original. Gracias, así es".

Una vez que el péndulo dejó de girar, tu Yo Superior te está indicando que ya transmutó todas las memorias limitantes.

¿Qué tenía que aprender de esa experiencia de vida? *(leer aprendizaje)*: …………………………

Segundo paso. Investigar la segunda llave espiritual

Llave espiritual elegida (leer significado): ……………………………………………………
¿Cuándo se limitó esa llave espiritual?: ……………………………………………………
¿Quién era yo en esa experiencia de vida?: ……………………………………………

¿Quiénes están involucrados en esa experiencia de vida?
Personaje 1: ……………………………………………………………………………
Personaje 2: ……………………………………………………………………………
Personaje 3: ……………………………………………………………………………

¿Qué memorias quedaron en esa experiencia de vida?
Memoria 1: ………………………………………………………………………………
Memoria 2: ………………………………………………………………………………
Memoria 3: ………………………………………………………………………………

Transmutar. Toma el péndulo. Lo puedes colocar encima de la carta o en cualquier otro lugar, haz un movimiento para que comience a girar mientras dices en voz alta o mentalmente la siguiente frase:

"Yo Superior transmuten las memorias de … y todo lo que hay en mi Ser, que esté limitando mi llave espiritual de … en la Energía Crística de mi alma y activen mi ADN Crístico original. Gracias, así es".

Una vez que el péndulo dejó de girar, tu Yo Superior te está indicando que ya transmutó todas las memorias limitantes.

¿Qué tenía que aprender de esa experiencia de vida? *(leer aprendizaje)*: ....

Tercer paso. Investigar la llave espiritual restante

Llave espiritual elegida (leer significado): ....
¿Cuándo se limitó esa llave espiritual?: ....
¿Quién era yo en esa experiencia de vida?: ....

¿Quiénes están involucrados en esa experiencia de vida?
Personaje 1: ....
Personaje 2: ....
Personaje 3: ....

¿Qué memorias quedaron en esa experiencia de vida?
Memoria 1: ....
Memoria 2: ....
Memoria 3: ....

Transmutar. Toma el péndulo. Lo puedes colocar encima de la carta o en cualquier otro lugar, haz un movimiento para que comience a girar mientras dices en voz alta o mentalmente la siguiente frase:

"Yo Superior transmuten las memorias de … y todo lo que hay en mi Ser, que esté limitando mi llave espiritual de … en la Energía Crística de mi alma y activen mi ADN Crístico original. Gracias, así es".

Una vez que el péndulo dejó de girar, tu Yo Superior te está indicando que ya transmutó todas las memorias limitantes.

¿Qué tenía que aprender de esa experiencia de vida? (*leer aprendizaje*): ………………………

Cierre: Realiza una meditación disponible en el sitio web: www.freedomhealing.org

Día 27

Fecha: ....

Desbloqueo de tema específico

1) Tema o persona con la que quieres trabajar una llave espiritual:
....

2) Elige una llave espiritual de tu mazo de cartas, mientras realizas la siguiente pregunta: ¿Qué llave espiritual tengo que activar entre (punto 1)...................................y yo? Lee el significado.

3) Transmutar. Toma el péndulo. Lo puedes colocar encima de la carta o en cualquier otro lugar, haz un movimiento para que comience a girar mientras dices en voz alta o mentalmente la siguiente frase:

"Yo Superior transmuten todas las memorias y todo lo que hay en mi Ser, que esté limitando mi llave espiritual de ... entre ... y yo, en la Energía Crística de mi alma y activen mi ADN Crístico original. Gracias, así es".

Una vez que el péndulo dejó de girar, tu Yo Superior te está indicando que ya transmutó todas las memorias limitantes.

Día 28

Fecha: ....

Activación de Freedom Healing

Activa la Energía Crística de tu alma, elige 3 llaves espirituales, lee su significado y luego pide transmutar las memorias que las están limitando. Una por una.

Llave espiritual 1: ....
Llave espiritual 2: ....
Llave espiritual 3: ....

Transmutar. Toma el péndulo. Lo puedes colocar encima de la carta o en cualquier otro lugar, haz un movimiento para que comience a girar mientras dices en voz alta o mentalmente la siguiente frase:

"Yo Superior transmuten las memorias y todo lo que hay en mi Ser, que esté limitando mi llave espiritual de … en la Energía Crística de mi alma y activen mi ADN Crístico original. Gracias, así es".

Una vez que el péndulo dejó de girar, tu Yo Superior te está indicando que ya trasmutó todas las memorias limitantes.

Día 29

Fecha: ....

Autosesión de Freedom Healing

Preparación para trabajar. Activación de la Energía Crística (meditación) y elección de 3 llaves espirituales.
Llave espiritual 1: ....
Llave espiritual 2: ....
Llave espiritual 3:...

Primer paso. Investigación de la llave espiritual 1

Llave espiritual elegida (leer significado): ....
¿Cuándo se limitó esa llave espiritual?:...
¿Quién era yo en esa experiencia de vida?:..

¿Quiénes están involucrados en esa experiencia de vida?
Personaje 1:..
Personaje 2:..
Personaje 3:..

¿Qué memorias quedaron en esa experiencia de vida?
Memoria 1:..
Memoria 2:..
Memoria 3:..

Transmutar. Toma el péndulo. Lo puedes colocar encima de la carta o en cualquier otro lugar, haz un movimiento para que comience a girar mientras dices en voz alta o mentalmente la siguiente frase:

"Yo Superior transmuten las memorias de … y todo lo que hay en mi Ser, que esté limitando mi llave espiritual de … en la Energía Crística de mi alma y activen mi ADN Crístico original. Gracias, así es".

Una vez que el péndulo dejó de girar, tu Yo Superior te está indicando que ya transmutó todas las memorias limitantes.

¿Qué tenía que aprender de esa experiencia de vida? (*leer aprendizaje*): ....

Segundo paso. Investigar la segunda llave espiritual

Llave espiritual elegida (leer significado): ....
¿Cuándo se limitó esa llave espiritual?: ....
¿Quién era yo en esa experiencia de vida?: ....

¿Quiénes están involucrados en esa experiencia de vida?
Personaje 1: ....
Personaje 2: ....
Personaje 3: ....

¿Qué memorias quedaron en esa experiencia de vida?
Memoria 1: ....
Memoria 2: ....
Memoria 3: ....

Transmutar. Toma el péndulo. Lo puedes colocar encima de la carta o en cualquier otro lugar, haz un movimiento para que comience a girar mientras dices en voz alta o mentalmente la siguiente frase:

"Yo Superior transmuten las memorias de … y todo lo que hay en mi Ser, que esté limitando mi llave espiritual de … en la Energía Crística de mi alma y activen mi ADN Crístico original. Gracias, así es".

Una vez que el péndulo dejó de girar, tu Yo Superior te está indicando que ya transmutó todas las memorias limitantes.

¿Qué tenía que aprender de esa experiencia de vida? (*leer aprendizaje*):............................

Tercer paso. Investigar la llave espiritual restante

Llave espiritual elegida (leer significado):...
¿Cuándo se limitó esa llave espiritual?:...
¿Quién era yo en esa experiencia de vida?:...

¿Quiénes están involucrados en esa experiencia de vida?
Personaje 1:...
Personaje 2:...
Personaje 3:...

¿Qué memorias quedaron en esa experiencia de vida?
Memoria 1:...
Memoria 2:...
Memoria 3:...

Transmutar. Toma el péndulo. Lo puedes colocar encima de la carta o en cualquier otro lugar, haz un movimiento para que comience a girar mientras dices en voz alta o mentalmente la siguiente frase:

"Yo Superior transmuten las memorias de … y todo lo que hay en mi Ser, que esté limitando mi llave espiritual de … en la Energía Crística de mi alma y activen mi ADN Crístico original. Gracias, así es".

Una vez que el péndulo dejó de girar, tu Yo Superior te está indicando que ya transmutó todas las memorias limitantes.

¿Qué tenía que aprender de esa experiencia de vida? *(leer aprendizaje):* ....

Cierre: Realiza una meditación disponible en el sitio web: www.freedomhealing.org

Día 30

Fecha: ....

Autosesión de Freedom Healing

Preparación para trabajar. Activación de la Energía Crística (meditación) y elección de 3 llaves espirituales.

Llave espiritual 1: ....

Llave espiritual 2: ....

Llave espiritual 3: ....

Primer paso. Investigación de la llave espiritual 1

Llave espiritual elegida (leer significado): ....

¿Cuándo se limitó esa llave espiritual?: ....

¿Quién era yo en esa experiencia de vida?: ....

¿Quiénes están involucrados en esa experiencia de vida?

Personaje 1: ....

Personaje 2: ....

Personaje 3: ....

¿Qué memorias quedaron en esa experiencia de vida?

Memoria 1: ....

Memoria 2: ....

Memoria 3: ....

Transmutar. Toma el péndulo. Lo puedes colocar encima de la carta o en cualquier otro lugar, haz un movimiento para que comience a girar mientras dices en voz alta o mentalmente la siguiente frase:

"Yo Superior transmuten las memorias de … y todo lo que hay en mi Ser, que esté limitando mi llave espiritual de … en la Energía Crística de mi alma y activen mi ADN Crístico original. Gracias, así es".

Una vez que el péndulo dejó de girar, tu Yo Superior te está indicando que ya transmutó todas las memorias limitantes.

¿Qué tenía que aprender de esa experiencia de vida? (*leer aprendizaje*):...........................

Segundo paso. Investigar la segunda llave espiritual

Llave espiritual elegida (leer significado):..
¿Cuándo se limitó esa llave espiritual?:...
¿Quién era yo en esa experiencia de vida?:...

¿Quiénes están involucrados en esa experiencia de vida?
Personaje 1:..
Personaje 2:..
Personaje 3:..

¿Qué memorias quedaron en esa experiencia de vida?
Memoria 1:...
Memoria 2:...
Memoria 3:...

Transmutar. Toma el péndulo. Lo puedes colocar encima de la carta o en cualquier otro lugar, haz un movimiento para que comience a girar mientras dices en voz alta o mentalmente la siguiente frase:

"Yo Superior transmuten las memorias de … y todo lo que hay en mi Ser, que esté limitando mi llave espiritual de … en la Energía Crística de mi alma y activen mi ADN Crístico original. Gracias, así es".

Una vez que el péndulo dejó de girar, tu Yo Superior te está indicando que ya transmutó todas las memorias limitantes.

¿Qué tenía que aprender de esa experiencia de vida? *(leer aprendizaje)*: …………………………

Tercer paso. Investigar la llave espiritual restante

Llave espiritual elegida (leer significado): ……………………………………………………
¿Cuándo se limitó esa llave espiritual?: ……………………………………………………
¿Quién era yo en esa experiencia de vida?: ……………………………………………………

¿Quiénes están involucrados en esa experiencia de vida?
Personaje 1: ……………………………………………………………………………………
Personaje 2: ……………………………………………………………………………………
Personaje 3: ……………………………………………………………………………………

¿Qué memorias quedaron en esa experiencia de vida?
Memoria 1: ……………………………………………………………………………………
Memoria 2: ……………………………………………………………………………………
Memoria 3: ……………………………………………………………………………………

Transmutar. Toma el péndulo. Lo puedes colocar encima de la carta o en cualquier otro lugar, haz un movimiento para que comience a girar mientras dices en voz alta o mentalmente la siguiente frase:

"Yo Superior transmuten las memorias de … y todo lo que hay en mi Ser, que esté limitando mi llave espiritual de … en la Energía Crística de mi alma y activen mi ADN Crístico original. Gracias, así es".

Una vez que el péndulo dejó de girar, tu Yo Superior te está indicando que ya transmutó todas las memorias limitantes.

¿Qué tenía que aprender de esa experiencia de vida? *(leer aprendizaje)*: ....

Cierre: Realiza una meditación disponible en el sitio web: www.freedomhealing.org

Día 31

Fecha: ....

Activación de Freedom Healing

Activa la Energía Crística de tu alma, elige 3 llaves espirituales, lee su significado y luego pide transmutar las memorias que las están limitando. Una por una.

Llave espiritual 1: ....
Llave espiritual 2: ....
Llave espiritual 3: ....

Transmutar. Toma el péndulo. Lo puedes colocar encima de la carta o en cualquier otro lugar, haz un movimiento para que comience a girar mientras dices en voz alta o mentalmente la siguiente frase:

"Yo Superior transmuten las memorias y todo lo que hay en mi Ser, que esté limitando mi llave espiritual de ... en la Energía Crística de mi alma y activen mi ADN Crístico original. Gracias, así es".

Una vez que el péndulo dejó de girar, tu Yo Superior te está indicando que ya trasmutó todas las memorias limitantes.

Día 32

Fecha: ....

Autosesión de Freedom Healing

Preparación para trabajar. Activación de la Energía Crística (meditación) y elección de 3 llaves espirituales.
Llave espiritual 1: ....
Llave espiritual 2: ....
Llave espiritual 3:...

Primer paso. Investigación de la llave espiritual 1

Llave espiritual elegida (leer significado): ....
¿Cuándo se limitó esa llave espiritual?:...
¿Quién era yo en esa experiencia de vida?:..

¿Quiénes están involucrados en esa experiencia de vida?
Personaje 1:...
Personaje 2:...
Personaje 3:...

¿Qué memorias quedaron en esa experiencia de vida?
Memoria 1:...
Memoria 2:...
Memoria 3:...

Transmutar. Toma el péndulo. Lo puedes colocar encima de la carta o en cualquier otro lugar, haz un movimiento para que comience a girar mientras dices en voz alta o mentalmente la siguiente frase:

"Yo Superior transmuten las memorias de … y todo lo que hay en mi Ser, que esté limitando mi llave espiritual de … en la Energía Crística de mi alma y activen mi ADN Crístico original. Gracias, así es".

Una vez que el péndulo dejó de girar, tu Yo Superior te está indicando que ya transmutó todas las memorias limitantes.

¿Qué tenía que aprender de esa experiencia de vida? *(leer aprendizaje):* ....

Segundo paso. Investigar la segunda llave espiritual

Llave espiritual elegida (leer significado): ....
¿Cuándo se limitó esa llave espiritual?: ....
¿Quién era yo en esa experiencia de vida?: ....

¿Quiénes están involucrados en esa experiencia de vida?
Personaje 1: ....
Personaje 2: ....
Personaje 3: ....

¿Qué memorias quedaron en esa experiencia de vida?
Memoria 1: ....
Memoria 2: ....
Memoria 3: ....

Transmutar. Toma el péndulo. Lo puedes colocar encima de la carta o en cualquier otro lugar, haz un movimiento para que comience a girar mientras dices en voz alta o mentalmente la siguiente frase:

"Yo Superior transmuten las memorias de … y todo lo que hay en mi Ser, que esté limitando mi llave espiritual de … en la Energía Crística de mi alma y activen mi ADN Crístico original. Gracias, así es".

Una vez que el péndulo dejó de girar, tu Yo Superior te está indicando que ya transmutó todas las memorias limitantes.

¿Qué tenía que aprender de esa experiencia de vida? *(leer aprendizaje)*: ....

Tercer paso. Investigar la llave espiritual restante

Llave espiritual elegida (leer significado): ....
¿Cuándo se limitó esa llave espiritual?: ....
¿Quién era yo en esa experiencia de vida?: ....

¿Quiénes están involucrados en esa experiencia de vida?
Personaje 1: ....
Personaje 2: ....
Personaje 3: ....

¿Qué memorias quedaron en esa experiencia de vida?
Memoria 1: ....
Memoria 2: ....
Memoria 3: ....

Transmutar. Toma el péndulo. Lo puedes colocar encima de la carta o en cualquier otro lugar, haz un movimiento para que comience a girar mientras dices en voz alta o mentalmente la siguiente frase:

*"Yo Superior transmuten las memorias de … y todo lo que hay en mi Ser, que esté limitando mi llave espiritual de … en la Energía Crística de mi alma y activen mi ADN Crístico original.
Gracias, así es".*

Una vez que el péndulo dejó de girar, tu Yo Superior te está indicando que ya transmutó todas las memorias limitantes.

¿Qué tenía que aprender de esa experiencia de vida? (*leer aprendizaje*): ....

Cierre: Realiza una meditación disponible en el sitio web: www.freedomhealing.org

Día 33

Fecha: ……………………………………………………………………………………………

Autosesión de Freedom Healing

Preparación para trabajar. Activación de la Energía Crística (meditación) y elección de 3 llaves espirituales.
Llave espiritual 1: ……………………………………………………………………………
Llave espiritual 2: ……………………………………………………………………………
Llave espiritual 3:……………………………………………………………………………

Primer paso. Investigación de la llave espiritual 1

Llave espiritual elegida (leer significado): …………………………………………………
¿Cuándo se limitó esa llave espiritual?:……………………………………………………
¿Quién era yo en esa experiencia de vida?:………………………………………………

¿Quiénes están involucrados en esa experiencia de vida?
Personaje 1:……………………………………………………………………………………
Personaje 2: ……………………………………………………………………………………
Personaje 3: ……………………………………………………………………………………

¿Qué memorias quedaron en esa experiencia de vida?
Memoria 1:………………………………………………………………………………………
Memoria 2:………………………………………………………………………………………
Memoria 3:………………………………………………………………………………………

Transmutar. Toma el péndulo. Lo puedes colocar encima de la carta o en cualquier otro lugar, haz un movimiento para que comience a girar mientras dices en voz alta o mentalmente la siguiente frase:

"Yo Superior transmuten las memorias de … y todo lo que hay en mi Ser, que esté limitando mi llave espiritual de … en la Energía Crística de mi alma y activen mi ADN Crístico original. Gracias, así es".

Una vez que el péndulo dejó de girar, tu Yo Superior te está indicando que ya transmutó todas las memorias limitantes.

¿Qué tenía que aprender de esa experiencia de vida? *(leer aprendizaje)*:............................

Segundo paso. Investigar la segunda llave espiritual

Llave espiritual elegida (leer significado):..
¿Cuándo se limitó esa llave espiritual?:...
¿Quién era yo en esa experiencia de vida?:..

¿Quiénes están involucrados en esa experiencia de vida?
Personaje 1:..
Personaje 2:..
Personaje 3:..

¿Qué memorias quedaron en esa experiencia de vida?
Memoria 1:...
Memoria 2:...
Memoria 3:...

Transmutar. Toma el péndulo. Lo puedes colocar encima de la carta o en cualquier otro lugar, haz un movimiento para que comience a girar mientras dices en voz alta o mentalmente la siguiente frase:

"Yo Superior transmuten las memorias de … y todo lo que hay en mi Ser, que esté limitando mi llave espiritual de … en la Energía Crística de mi alma y activen mi ADN Crístico original. Gracias, así es".

Una vez que el péndulo dejó de girar, tu Yo Superior te está indicando que ya transmutó todas las memorias limitantes.

¿Qué tenía que aprender de esa experiencia de vida? *(leer aprendizaje)*: ....

Tercer paso. Investigar la llave espiritual restante

Llave espiritual elegida (leer significado): ....
¿Cuándo se limitó esa llave espiritual?: ....
¿Quién era yo en esa experiencia de vida?: ....

¿Quiénes están involucrados en esa experiencia de vida?
Personaje 1: ....
Personaje 2: ....
Personaje 3: ....

¿Qué memorias quedaron en esa experiencia de vida?
Memoria 1: ....
Memoria 2: ....
Memoria 3: ....

Transmutar. Toma el péndulo. Lo puedes colocar encima de la carta o en cualquier otro lugar, haz un movimiento para que comience a girar mientras dices en voz alta o mentalmente la siguiente frase:

"Yo Superior transmuten las memorias de … y todo lo que hay en mi Ser, que esté limitando mi llave espiritual de … en la Energía Crística de mi alma y activen mi ADN Crístico original. Gracias, así es".

Una vez que el péndulo dejó de girar, tu Yo Superior te está indicando que ya transmutó todas las memorias limitantes.

¿Qué tenía que aprender de esa experiencia de vida? (*leer aprendizaje*):...........................

Cierre: Realiza una meditación disponible en el sitio web: www.freedomhealing.org

Certificado de Participación

Si este curso lo realizaste con un Instructor Certificado por Freedom Healing LLC, recibirás tu Certificado de Participación con la firma de tu instructor y de Silvina Páez.

En caso de que este curso lo hayas realizado en tu totalidad en la plataforma Hotmart, al finalizar la visualización de todos los videos puedes descargar tu certificado haciendo click en el trofeo disponible en el costado superior izquierdo de la página del curso.

GRáfIcoS

¿Cuándo?

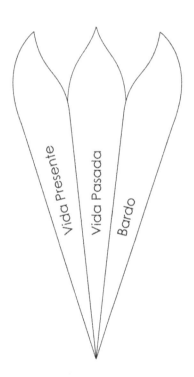

Personajes

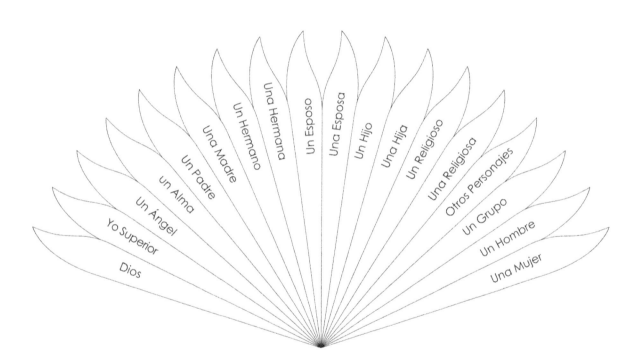

Dios

Yo Superior

Un Ángel

un Alma

Un Padre

Una Madre

Un Hermano

Una Hermana

Un Esposo

Una Esposa

Un Hijo

Una Hija

Un Religioso

Una Religiosa

Otros Personajes

Un Grupo

Un Hombre

Una Mujer

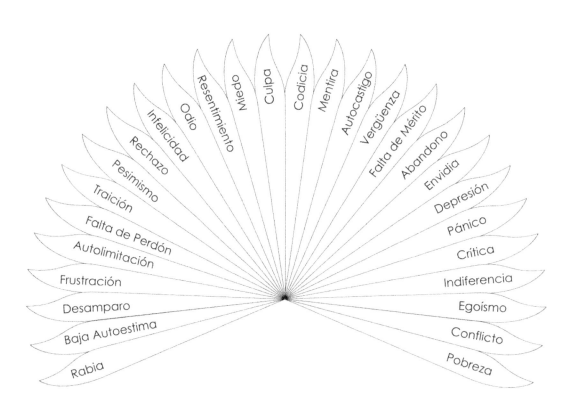

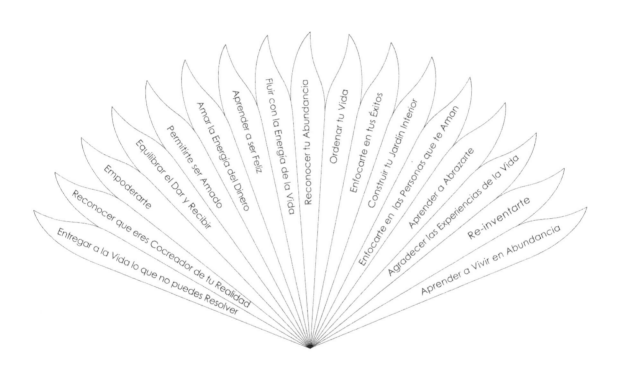

Made in the USA
Las Vegas, NV
21 January 2024

84714726R00092